大自然に習う
古くて新しい生き方

人生の教訓

Nami Yoshikawa
佳川奈未

青春出版社

はじめは小さく、だんだん大きく、
天は、徐々に「真実」をクローズアップさせる

まえがき

大切なことは、大自然に習いなさい！

――一生安泰！　順風満帆！　に暮らす智慧を身につける

この本は、「易経《えききょう》」＝「易という〝大自然の摂理〟が基になっている人間教育や生き方について説かれた書」から得た、大切なエッセンスを、私なりの言葉でお伝えしたいと書いたものです。

「易経」はむずかしい言葉で書かれているものが多く、解釈もむずかしいとされていますが、そこにあるメッセージはある意味とてもシンプル。

太陽や月の動き、草木の成長法則、一滴の水が川になり海になる過程、光と闇の法則など、日常で私たちを取り囲む環境の中に〝すべての答えがある〟ことを、教えてくれています。

私たち人間を取り囲むこの大自然には、何ひとつ嘘や隠し事がありません。ありのままの姿を包み隠さず見せており、私たちに多くの気づきや成長を与えるべく、さまざまな警告やサインを発しています。

そこには、決して見逃さず、是非とも知っておきたい、誰にとっても役立つ、尊い、「人生の教訓」があります。

さて、**「易経」には、大自然が教えてくれるその「人生の教訓」がたくさんあるわけですが、それはまさに、「天・人・地の法則」でもあります。**

「天」とは〝時の働き〟、「人」とは自分の〝立場や役割〟、〝そのときのあり方〟、「地」は〝身を置く場所〟、〝与えられた環境〟です。

つまり、人が、いつ、どこにいて、何をするかで、この人生は大きく違ってくるということであり、その時と場所において、自分の立場や役割に適《かな》った生き方をすることで、すべてのことがうまく運び、〝順風満帆な人生〟を幸せに叶えていけるということです。

本書でまで、むずかしいことを言うつもりはありません。

ただ、あなたがこの一冊の本との出逢いから、何かに気づき、生きるのが楽に、前に進みやすくなり、大切な何かを取り戻せたなら幸いです。自分に優しい生き方をし、心からの幸せを叶えていただけたなら、うれしい限りです。

さて、その大自然はいつも私たち人間を、おおいなる慈愛で守りながら、こう言っているものです。

「人生は、悪いことばかりじゃないよ。たとえ、悪いことが起こったとしても、そこで終わることはない」「すべての努力には、必ず報われる日がある！」「やがて、夢みたような、素晴らしい世界にたどり着くことになっている！」と。

太陽が昇り、沈んでも、また次の日には何事もなかったかのように元気よく再び昇るように、この大自然は、この人生は、人を暗闇に沈めたままにはしません。

小さなサインをこの日常に送り込み、そこからもっと良くなるためのきっかけやチャンスを惜しみなく与えてくれます。

だから、安心して今夜も眠り、明日の朝を元気に目覚めればいいのです。

ある意味、それこそが、最も尊いシンプルで、最も尊い、「人生の教訓」なのかもしれません……。

２０１７年　１月

ミラクルハッピー　佳川《よしかわ》　奈未《なみ》

※本書には、「大自然」「天」「宇宙」という表現が何度か出てきますが、それらは森羅万象（天地の間に存在する万物や事象）など、すべてを司る偉大なる〝目に見えない力〟の働きを示すものです。「大自然」や「天」「宇宙」は、「創造主」「神」「潜在意識」「エネルギー」と解釈していただいてもいいでしょう。

第1章

自分の道をひらく☆陰徳の力

――まずは土壌を耕し、〃幸せのタネ〃を蒔き、しっかり育む！

第2章 なにかとうまくいく☆大自然の教え
――小さな植物の中にさえ、成功する人の秘密がある

第3章

運のいい人になる☆〝時の魔法〟

――宇宙がさしだす宝物をタイミングよく受け取る方法

第4章

順風満帆を叶える☆生き方の智慧

――一生安泰でいるために、大切にしておきたいこと

本文ＤＴＰ　森の印刷屋

第1章

自分の道をひらく☆
陰徳の力

まずは土壌を耕し、
“幸せのタネ”を蒔き、
しっかり育む！

夢を叶えたいなら、まずは自分の土壌を耕す

土壌が腐っていては、
どんなに〝良い種〟を蒔いても育たない

ここからあなたが、何かを成し遂げたい、夢を叶えたい、成功したい、世に出てひとかどの人間になりたい！　というのなら、まずは、〝自分の土壌〟を耕すことです。
いや、たとえ、そういった大きな目標などなかったとしても、あなたが自分らしく、もっと楽に、快適に生きるためにも、まだまだここから人生で良いものを受け取るためにも、〝自分の土壌〟を耕すことは、素晴らしいことです。

〝自分の土壌〟とは、「心」のことです。あなたの「心」という〝土壌〟が、健康的なもので、最良の状態であれば、どんな種を蒔いてもそれなりに育つものです。

「ああなりたい！」「こうしたい！」「これを叶えたい！」、その〝思い〟の数々が、あなたの人生に花を咲かせる〝種〟となるのです。

しかし、心という土壌が、あなた自身にこれまで見向きもされず、手入れもされておらず、荒れ放題になっていたとしたらどうでしょう？ そこにどんな種を蒔けましょう？ 何を育めましょう？

たとえば、美しい花を咲かせるのがうまい人は、その種を蒔くために、前もって土の状態を整えるものです。野菜や果物を育てる人も土壌を整えるものです。

あなたの思いや、願いや夢、目標や志という〝種〟は、心という土壌に蒔かれ、それをあなたが育むことになるのです。育みにくい環境があれば、種は成長できません。

土壌を整えるとは、そこを耕すということです。耕すとは、「作物をつくるために土を掘り返して、柔らかくして、最良の状態に整える」こと。

つまり、それは、自分の心を掘り下げて物事を考え、思慮深い人でいるようにし、どんなことにも対応できる柔軟さを持つということ。自分をベストコンディションにしておくということです。そう、何かを始める前に、しっかりと！

ひとり静かになれる時間を持ち、自発的に心を耕しましょう。深く掘り起こしてみると、いろんなものが出てきて、その状態がいいのか悪いのか、よくわかるものです。

そこに、何か不安や恐れや心配事はありませんか？　悩みや問題をたくさん抱えていませんか？　痛みや悲しみなど辛いものは？　誰かに対する嫉妬やねたみやうらみはなかったでしょうか？　何かに対する怒りは隠されていませんでしたか？

それらは、ここから収穫物を育むのに邪魔になるものです。処分できるものは「もう、いらない」と心の外に出して処分し、手厚くケアして改善できるものやより美しくできるものはそのようにしましょう。

不健康に、悪い状態にしていた心の土壌に、ちょっと手を入れるだけで、あなたの土壌はみるみる健康的な良いものに生まれ変わり、ベストコンディションに整います！

自分の土壌を整える際の秘訣は、〝愛を持って、耕す〟ことです！

農作物をつくる人はみんな、自分の土壌を思いやり、大きな愛情をこめてケアします。それでこそ、素晴らしい「収穫物」が得られるのだと、わかっているからです！

心という土壌を耕していくと、時に、素晴らしいものを掘り起こし、意外な宝物を発見することもあります。これまで見つけられなかった尊い考えや、新しい発想やアイデア、ずっと求めていた何かに対する答え！　などに。

そのときあなたは、こう知ることになるでしょう。自分がまだ捨てたものではない、立派な土壌であったのだと！

耕したおかげで、あなたの気分はすっきり爽快！　明るい希望に満ち、「よし、やるぞ！」という意欲を持って、「ああしたい！」「こうしたい！」「これを叶えるぞ！」と、願いや夢をめいっぱい心を通して天に種蒔きできるのです。

必然的に願いが叶う〝種蒔き〟のしかた

正しい種蒔きをすれば、
誰でも正しく「大収穫」を得られる！

自分の〝心〟という土壌を耕し、整えたら、人はそのまっさらな素晴らしい土壌に、どんな夢の種をも蒔ける人になれます。

しかし、種を蒔くにも、正しいやり方というのがあります。選ぶ種や、蒔き方をまちがえると、望む芽が出ず、ほしいものも収穫できないからです。

ここでは、**「望みを叶え、収穫を得る！　正しい種蒔きの方法」**として、**7つの秘訣**を、お伝えしましょう。

★夢の花を咲かせ、ほしいものを収穫する「種蒔き」の秘訣

秘訣その１ ☆ 結果にみあう種を蒔く

種を蒔くときには、〝自分が何を収穫したいのか〟をよくわかっておくことが大切です。スイカがほしいのに、カボチャの種を蒔いても、スイカは収穫できないからです。

野菜や果物を育てるとき、人は、先にほしいものをちゃんとわかって、蒔く種を選びます。ニンジンならニンジンを、ラディッシュならラディッシュの種をと。

しかし、こと願望実現となると、ほしいものとは違う種を平気で蒔いている人が多くいるものです。それでいて、なかなか手に入らない！　と嘆いているのです。

収穫を得たいなら、ほしいものと、蒔く種を一致させておくことです！　この初歩的な基本をまちがえると、何年たっても望みは叶わず、何も得ることができません。

秘訣その２ ☆ 持ちうる種をぜんぶ蒔く！

ほしいものにみあった種を選んだら、それを蒔くときには、〝惜しみなく自分にあ

るもののすべて〟を蒔くことです！

試しに少しだけ蒔いてみようかと恐る恐る蒔いたり、これでいいのだろうかと躊躇《ちゅうちょ》しつつ蒔いたり、種を手放すのをケチったりしていては、いけません。つまり、大胆に望み、しっかり動くことをおっくうがってはいけないということです。そんなことでは大収穫は望めません。

農作物をつくる人は、種蒔きするとき、手元にある種を惜しみなくぜんぶ蒔くものです！　安心して、大胆に、なんの躊躇もなく、潔く、明るい気持ちで！

その蒔き方（夢に向き合う姿勢）を知っておくことはとても重要です。というのも、その大胆さこそが、やった以上の成果を生み出す行為となっており、あなたをのちによろこばせるものとなるからです！

秘訣その3 ☆ たっぷりの信頼をそそぐ

種を蒔くときには、それが育ち、成長し、美しい花を咲かせ、立派な実となり、やがて大きく得られる日（叶う日）がくることを「信じる」ことです。

惜しみなく種を蒔けるのは、「結果」を〝信じているからこそ〟です。もし、あなたが、種を惜しんでいて蒔ききれないとしたら、最初から収穫を〝信じてない〟のと、同じです。

水を適当にふりかけておけば勝手に育つというものではありません。自然の摂理は、いつも、信頼をそそぐとき、最も良好な状態ですくすく育つことができるのです！　そこにある確信的な期待のエネルギーを受けて！

自然の摂理は、すべてを同調させ、調和させるということです。それゆえ、あなたの心と行為もつねに一致しているものです。やった行為と受け取る結果も然《しか》りです。

収穫を信じているから惜しみなく種を蒔けるのであり、信じていないからちっとも蒔ききれないわけです。その真実に気づくことで、あなたは、この先、育ちもしない、咲きもしない、実りもしないと自分がそう思っているものに、むやみに水をやる必要もなくなります。

かわりに、「ああ、自分は、このことを本気で叶ってほしいと思っていなかったのか」と早めにわかり、次には本当に自分が望み、手にしたいと、できる！　と思うのに、必然的に向かえる人になります。

秘訣その４☆必要な肥料を与える

蒔いた種がしっかり芽を出せるよう、〝必要な肥料を与える〟ことです。その肥料とは、「よろこびの感情」「よいイメージ」「そうなるという期待」です。

すでにそれを得たつもりでいるからこそ、わざわざ時間とエネルギーを注いで、水や肥料を何度も与えて世話をできるわけです。

やがてそれが手元にやってくるという〝うれしい予定〟が自分の人生にはっきり置かれているからこそ、途中経過も苦にならず、そうできるのです！

秘訣その５☆すっかり手放す！

種を蒔き、肥料をあげ、すべきことをしたら、あとはいったんそのことを手放します！　一定期間、見守るということです。

つまり、一度種を蒔いたら、それが芽を出し、成長し、実になるのは、自然の摂理でそうなるのだと理解し、事の流れを見守り、結果が出るのは〝当然である〟とすることです。

良い種を蒔けば、良い結果はおのずと出ます！　成長育成の法則が働くからです！人は、みずから蒔いたものを刈り取るのです。その法則は、良いものを蒔けば良いものを、悪いものを蒔けば悪いものを、あなたにきっちり刈り取らせます。

ですから、夢に向かって行動したなら「よし」とし、そのあと必要なことを淡々とする日常にいればいいのです。「まだ芽は出ないのかなぁ？」と不安げにしたり、いまどうなっているのかをしょっちゅう気にして土を掘り起こしてみたりして、種の様子ばかりチェックしないことです。

「どうなった、どうなった!?」と、掘り起こしてばかりいたら（気になるばかりで他のことが何も手につかないとしたら）、根づくひまがありません！　これでは、結果が出るのを自ら邪魔しているも同然です。

心配したり、疑ったりするとき、人は、自ら何かがおじゃんになるようなことをしがちなものです。信じるに値することでも、疑いが持ち上がると、その人の中では信じるに値しないものになってしまうからです。

そうやって、人は、疑心暗鬼のせいで、成り立つものを自ら壊しにかかることがあるからやっかいなのです。

すべきことをしたら、いたずらにそこをいじるのではなく、しばしそこから離れてくださいな。一定期間、見守ってください。お願い、いい子だから、静かに待っててね♪

待つというのは、決して何もしていないことではありません。それに対してポジティブなエネルギーを注いでいるという、とても前向きな行為です。

物事が良い形に変化するまで待ったことのない人は、〝待つことで得られる恩恵〟をまったくわかっていないものです。待つことを知らないから、結果にもたどり着けないわけです。

秘訣その6 ☆ 手厚くケアする

小さな芽が出始めたら、優しくしっかりケアすること！　です。小さな芽は、雨や嵐や雪でもふれば、すぐにダメになってもおかしくないもの。

それをすくすく育てるためにも、よけいな雑草を抜き取り、おかしな虫は追い払い、水をやり、肥料を与え、日差しや温度の変化に敏感でいましょう！

そして、その小さな芽が出たことを祝福し、「うれしい♪」「ありがとう！」と感謝を捧げましょう。

決して、「なんだ、こんな小さな芽が出たくらい、何もたいしたことじゃない」などと、言わないでください。

小さな変化にも素直に大きくよろこぶ態度が、あなたの夢の芽の成長を加速させるのですから。小さな良い変化をよろこべない人には、大きな良い変化はやってこないものです。

愛と感謝とよろこびを持って育んだものは、とてつもない大きな幸せと奇跡に満ちた収穫を与えてくれるものです。

秘訣その7 ☆ 次のために、新たな準備をする

さて、**そうやって、あなたがひとつの収穫を得られたら、そのあとすぐ土壌を整え、次の収穫物のための準備をしてください！**

ひとつ何かを収穫し、収穫物から新たな種を手にしたら、今度はまたそれを蒔く段取りをします。つまり、ひとつ夢が叶ったら、それをよろこび、また新たな夢に向かってもいいということです。そうすれば、あなたの望むものは、いくつでも、何度でも、くりかえし、芽を出し、花を咲かせ、実となり、エンドレスに収穫できます！

物事はひとつ受け取ったら、「それで終わり」ではありません。この大自然は、人間が知るよしもないくらいふところの大きい、無限の提供者です。

得たあとに、感謝し、ありがたみをよくよく感じ取り、そのよろこびを他者ともわかちあい、自発的に次の準備をするのなら、大自然はいくらでも、あなたの望みを、手にしたいものを、この人生で受け取らせてくれます！

四季に学ぶ☆「冬」のミッション

人生が冷えきる時期にこそ、
人にはすべき大切な仕事がある

あなたの人生を四季にたとえると、いま、どの季節の中にいるでしょうか?

「易経」では、大切なことのすべてを「四季」が教えてくれていると、いっています。

自分が、いま、人生のどの季節を過ごしているのかを知り、その季節にふさわしいことをすれば、もっとうまく前に進むことができます。


また、その時期その時期に〝ふさわしいこと〟をすることで、おのずと〝新たな次のステップ〟が現われ、より高いレベルの世界にすんなり入れ、生きやすくなるものです。

ここでは、いま自分がどの季節を生きているのかを探ってみましょう。
あなたはいま、何もうまくいかないときなのか、スイスイ進んでいるときなのか？
どんな状態でしょうか？

★あなたの入っている季節とそこでのミッションは、これ！

いまは何もうまくいっていない・
先が見えない・お先真っ暗という人

↓

あなたの人生の季節は「冬」。

長い人生では、何をやってもうまくいかない、なぜかやることなすこと裏目に出るばかり、という時期を経験することがあるものです。自分のやり方が通用せず、押しても引いても門があかず、行きたい世界の中に入れないというようなことが。
動けば動くほど状況が悪くなり、不利になる一方で、なにかと問題が起きやすく、辛いことや痛い目に遭うことが多い、損をしている、ということが、容赦なく襲ってくることがあるものです。

そんなとき、人は、人生の「冬」に入っているのです。人生の冬の中にあるのは、悩みや問題、厳しい環境、冷たい世間、自分のふがいなさを嫌というほど感じさせられる出来事、世間からひとり取り残されたような疎外感です。

そうなってしまうのは、つまり、うまくいかなくなってしまう理由は、「力不足」にあります。これまでは、未熟な自分でも通用したけれど、ここからはそれでは通用しない！ もっと成長する必要がある！ という、大自然からのメッセージが示されているということです。

大自然（天、神様、創造主、宇宙と呼んでもいいのですが）は、言葉というものを持ちません。それゆえ、あなたに何かを伝える手段＝サインのすべてはいつも〝現象〟としてやってきます。

この人生の「冬」の季節にやってくる現象は、自分の思いや意見が通らない、受け入れられない、認められない、大切なことが延期される、何かを断られる、キャンセルになる、あてにしていたものがなくなる、などといったものです。また、ライバルに先を越される、自信を失うようなことが起こる、自分のこれまでこだわっていた世界が壊される、などです。

そういったことの中にある、大自然からのメッセージは、「いまのままではダメですよ」ということ。そういうことは、まわりの人はなかなかストレートに言ってはくれないものです。が、大自然は、現象を通して、はっきりもの申すわけです。わが子を愛する親のように！

では、そう告げられている「冬」の季節には、いったい何をどうすればいいのでしょうか？

ズバリ、自分の中の「力」を蓄えること！　無駄に動きまわって自分をすり減らすのをやめ、体力温存と心の滋養をするのです。気づくべきことに気づき、改めることは改め、自分をしっかり内側から精神的に成長させ、器をひとまわり大きくすることです。そのために、しばし立ち止まり、休み、時間をとり、自分を見つめ、滋養強壮につとめることです。〝先天の気（持って生まれた自分の良い資質）〟を養うために、しっかり心身に栄養をとり、体と心を元気にし、運気を好転させることが必要なときなのです！

動物を見ればわかるように、「冬」は冬眠しています。動かずじっとしています。が、これはなまけているのではなく、次に動くために必要なことをしているまでのことです。「冬」に入った人のミッションは、休止・休息・エネルギー保存・内面強化だからです。次の春が来るまでに力を蓄え、必要な準備をしているわけです！

「成長」のためには、春、夏、秋と、これまで力をふりしぼってがんばってきたことから、いったん自分を解放し、休ませてあげなくてはなりません。

活動しきったことで、弱っている自分がいるわけですから、そっと癒し、必要な休息や栄養をとり、心と体と魂を完全に休ませてあげることが重要だからです。

それゆえ、この時期は外側に働きかけるのをやめ、それ以上パワーロスすることや、状況悪化させることを食い止めることです。かわりに、自分の内側に真剣に向きあい、自己を養います。

これは、なにも、「外の状況が悪いんだから、おとなしくひっこんでいろ！」というお叱りでも、消極的な態度をとることでも、現実逃避でもありません。

自分を大きくして、復活するためです！
ここから、うまくいかせるためです！
そのためには、時間が必要だったのです。完全に心身を休ませられる状況を一時的に確保する必要があったのです。

そのとき、「何かをしなくてはならない」という気持ちや状況を手放し、「何もしなくてもいい。それもありの時期だ！」とすることが大切なのです。

どのみち、人生の「冬」の時期には、何をやってもうまくいかず、裏目に出やすいものです。土壌も凍てつき、〝機も熟していない〟からです。

あせったところで、何も形になりません。

それよりも、いまはへたに動かず、内側に向かい、自己成長をさせ、ひとまわりもふたまわりも大きくなっておくことです。そうすれば、次に春がきたときに、力を持った状態で、しっかり動けます！

この「冬」の時期にこそ、良書を読み、映画など観て、感動を仕入れ、心をひろげてください。前から学びたいと思っていたことや、習いたかったものにかかわってみるのです。これまで時間がなくて、〝したくてもできなかったこと〟や、何かの研究をするのも、この時期です。自分自身にたっぷり時間をかけられるのは、こういうときくらいだからです。

どのみち、「冬」の時期は、外側の世界がうまくいっていないので、自分と向き合い、接するしかありません。

とはいうものの、この時期、自分をくつろがせるのは、ある意味、難しいかもしれません。というのも、うまくいっていない人生の中にいるので、おちおちとくつろいでいられない気持ちにもなるし、あせりも生まれるからです。

しかし、力のないままの状態でバタバタし、悪あがきしても、しょうがありません。パワーロスをさけ、バージョンアップすることにひたすら専念してください。

また、人生の「冬」という、自分にとっては世間の冷たさがこたえるときではありますが、たとえ、孤独であったとしても、心の中だけはあたたかくしておくことです。

厳しく寒い季節だからといって、なにもその寒さに震えるだけで、厳しさにあまんじる必要はないからです。自分が自分の良い理解者となり、できるだけ自分に優しくし、あたたかい環境に置いたっていいのですから。

「冬」の季節に入っているからといっても、動物のように冬眠し、じっと洞窟の中で眠っている必要はありません。

あなたは〝自分のためになることには積極的に動いてもいい〟のです。行きたい場所に行き、会いたい人に会って語らうのもいいでしょう。人生の探求の旅に出るのもあり！　です。

あらゆる角度から自分をみつめ、気づきと成長を叶え、内面を拡大させてください。そうやって、自分の器を大きくしていると、思った以上に早く春はやって来ることになります！

ちなみに、**この冬の時期に、願いや夢や目標や志すものが見つかったからといっても、この人生の「冬」の時期には、絶対に種蒔きしないでください。時期はいまではありません！　土壌は凍てつき、種を育む力を持っていないからです！**

春になってから、蒔くために、そっと心の中にその種をとっておくのです。あせって種蒔きをしたりして、本当なら収穫できそうなものを、自らおじゃんにしないでください。農作物を作る人だって、しっかり季節を考慮して種を蒔くものなのですから。

四季に学ぶ☆「春」のミッション

まわりの環境があなたにみかたするとき、
何をやっても快適快調！

人生の冬という一番厳しい時期を乗り越えると、おのずと、人生にも「春」が訪れます。〝乗り越えた人こそ、報われる人〟であり、そのとき、大自然は春のようにあたたかな運気を人生に差し出してくれるものです。

★あなたの入っている季節とそこでのミッションは、これ！

ようやく芽が出た・良い兆しも見え始めた・元気に動けるときが来たという人

↓

あなたの人生の季節は「春」。

「春」は、厳しい中で力をつけたあなたが、やっと自分を取り戻し、動き出せるときです。辛いものを乗り越え、内面を成長させ、ひと皮むけたようになり、少し大きくなったあなたがそこにいます。

あなたの内面は整い、明るい気分を取り戻し、元気になってきていて、何かに完全にふっきれたような感覚でいるものです。良い気分に変わるだけで、人は自然に、〝明るい兆し〟を感じ始め、未来に希望を持てるものです。

そのとき、あなたは、また、自分にできることなら、少しでもいいから、どんなにささいなことでもいいから、何かやってみたいという意欲が芽生えます。

厳しい季節をひとり乗り越えた人は、知らず知らずのうちにタフさをも身につけているものです。タフさを身につけた人はすぐにわかります。優しさが深くて大きいからです！　タフな人というと、〝強い人〟というどこかガンコなイメージを持つ人もいるかもしれませんが、そうではありません。タフで、本当に〝強い人〟とは、優しさが人の何倍もある人なのです。

あなたは自分の足でしっかり歩き、自分のすべきことをはっきりわかっており、それゆえ、身軽にそのために動き出せるものです。

そして、そんなあなたを、まわりの人もあたたかく迎え入れてくれ、環境は優しくほっとするものになります。自然に新しい、より良い環境がそこに現われるものです。

そうして、この時期にこそ、いよいよ、幸せになるための〝種蒔き〟を上手にすることができます！


この「春」の時期のあなたには、〝良質の種〟がたくさんあります。人や世間が見向きもしてくれなかった孤独で冷たい厳しく長い時間の中で、滋養強壮、内観、探究をしてきたからです。自分と向き合うべく、生きることや、夢や目標についてもあれこれ考えてきたからです。

自分の〝心〟という土壌を耕しているあいだに、大切なものを掘り起こしたから、そのとき手にした〝幸せの花を咲かせる種〟をたくさん持っているからです！

しかも、自ら耕したことで柔らかくなった心の土壌からは、その先で役立つ数々のアイデアや夢のヒントや進む道を、あなたの目の前に表しているものです。

あなたには「ああしたい」「こうしたい♪」「これを手にしたい」と堂々と蒔ける良質の種がたくさんあり、その方法もわかっています。良い環境も整っています。その種が、あなたの外側の世界である「世間」に芽吹くようになるわけです！

そのとき、あなたのまわりには、あなたの新しい波動に感応する新しい人たちがたくさんやってきます！　その人たちは、それまで出逢ったこともないような新鮮な人たちで、興味深い情報や宝物を持っていて、あなたの心をゆさぶり、大きく刺激します。

そのとき、天は、あなたにこうメッセージしているのです。

「さぁ、いまこそ動きだしなさい！」「いまこそ、それをやるときです！」「大輪の花を咲かせる段階まで、一気にお連れしましょう♪」と。

この時期にこそ、必要な人に会い、気になることに着手し、興味あることのためによろこんで自発的に動きだすのです！　その前向きなエネルギーが、種の成長を早め、若葉の成長に拍車をかけ、花が咲くのをスピーディーにしてくれます！

いつでも、あなたが望む世界を得るために動くのは、人生の「春」なのだと、覚えておいてください。ここでがんばらずして、何を成せましょう！　そう自覚しておくことです。

というのも、この人生の「春」が来ないうちは、あなたの中の種は、芽を出すことはできず、「夏」の成長期という、最も輝かしい季節に入ることができないからです！

（人生の春がいつ来るのかについては、このあとの**『〝陰〟極まれば、〝陽〟になる』**の項でお伝えします）

四季に学ぶ☆「夏」のミッション

すべてを楽しく謳歌せよ！
活発さを増し、大いに昇り続けること

人生の「春」を越えると、今度はあなたは一気に「夏」へと突入することになります。春の陽気があなたを積極的に前に進め、そこで高まったエネルギーが、人生の「夏」という最盛期へとあなたを連れていくのです。

この人生の「夏」には、どう過ごせばいいのでしょうか？　ここでは、それについて、お伝えしましょう。

★あなたの入っている季節とそこでのミッションは、これ！

心身が活発に動くとき・忙しく活躍できるとき・いい状態があり、拡大している

↓

あなたの人生の季節は「夏」。

春に動き始めたことが、次第に形になり、現象になり、外側の世界で拡大していくのが、この人生の「夏」という時期です。

夏は、春とは比べものにならない巨大なエネルギーを秘めており、一気にあなたを昇らせるものとなります。「夏」の季節において、あなたの人生のエネルギーが巨大化するのは、あなたがしていることに、まわりの大勢の人をいい形で巻き込んでいくことになるからです！　あなたというたったひとりの力ではなく、他者の力や、どこかの会社やなにかしらの機関の力が加わるからです。

さまざまなかかわりで、いろんな出来事が次々と起こり、大きな運命的な現象が投入されるので、あなたの人生はとても忙しくなり、繁盛し、上り調子になるものです！

自分が大活躍する時代を迎え、何か良いことが起こり、誉れなことに大抜擢され、地位と名誉と財産が向上するのは、いつも、この「夏」なのだということを覚えておいてください。

この「夏」のあなたのミッションは、とにかく、自分のやっていることをもっと精力的にやり、惜しみなく拡大していくことです！

楽しんで望むものに向き合い、あらゆるアイデアや閃《ひらめ》きや創意工夫、知っている限りの方法、そのとき持っている実力や才能を、総動員させて、自分の道を突き進むことです！

この「夏」真っ盛りのパワフルなエネルギーに満ちているときに、なまぬるいことをし、なまけていると、秋の収穫が充分には見込めないことになります。

人ががんばれるのは、その成果を受け取れるよろこびがあるからです。「どうせ、そんなもの、受け取れるかどうかわからないから、必死にやってもしかたない」と思うのではなく、「受け取るために、ベストを尽くす！」「結果はどうであれ、やるだけやってみたい！」という気持ちでいたいものです。

また、そういうことの大切さを教えてくれる時期こそ、この人生の「夏」なのです。

とはいうものの、この人生では、がんばったからといって、毎回毎回、絶対にいい結果が出るとは限らない場合もあるものです。

しかし、そのとき、いいかげんなことをしていた人には、何の学びも成長もないものです。が、ベストを尽くした人だけは、「これでいい。よくやった!」と、自分を褒めることもでき、どんな結果になろうとも満足しているものであり、そこにあるすべての教えを〝次の糧〟に、できるものです。

そのとき、**思わしくなかった結果からも、結局、素晴らしいかけがえのない、「人生の教訓」をしっかり受け取ることとなり、その教訓が生かされる次の場面で、挽回《ばんかい》できるのです!**

もしかしたら、思わしくなかったことがくれるものこそ、本当の意味においての、〝良い収穫〟なのかもしれませんが。

四季に学ぶ☆「秋」のミッション

ゆったりくつろげる最高の時間！待ち望んでいたものを受け取る

人生の「春」から「夏」へと、パワフルにやってきたあなたは、自動的にその〝努力が報われる世界〟、〝結果の世界〟、つまり、「収穫」のときである人生の「秋」に入ることになります。

ここでのあなたはどうすべきなのか、それを見ていきましょう。

★あなたの入っている季節とそこでのミッションは、これ！

楽しい人生・優雅な晩餐・
やったことの成果・大いなる収穫がある！

↓

あなたの
人生の季節は「秋」。

あなたの生み出してきた大きなパワーは、それにみあったものを現象化させるようになっています。内からあふれたパワーは、必ず、外の世界に、その結果を表すものです。

そう、この人生の「秋」こそ、あなたがこれまでやってきたことの成果や、さまざまな収穫物を得られるときであり、それを「受け取る」のが、あなたの仕事です！

「秋」の収穫物を受け取る際の秘訣は、〝そこにあるものすべて、差し出されるものすべて〟を、遠慮なく、躊躇《ちゅうちょ》なく、しっかり受け取ることです！

この〝しっかり受け取る〟ことは、とても重要です！　というのも、「受け取り」が完了しないと、人生は、ここからもう一回《まわ》りする人生の中で、あなたをそれ以上引き上げることができないからです。そうなると、豊かさの循環が始まりません。

がんばった自分を認め、褒《ほ》め、天が差し出すすべての恩恵を「ありがとうございます」「この恵みに感謝します。うれしいです！」と子どものように素直に受け取るとき、天は、かんたんにもっと多くをあなたに差し出すことができるのです。

ときどき、受け取れるものを受け取らないことや、遠慮して少しだけ受け取ることを、「良いこと」だとしている人がいるものです。また、何か良いことをたくさん受け取ると、帳尻合わせに悪いことが起こるのではないか、バチがあたるのではないかと、その恐れから、与えられるものをすんなり受け取れない人もいるものです。また、欲張ってはいけないのではないかと。

しかし、良いものを受け取っても、なにもバチなどあたりませんし、欲張りでもありません。欲張るというのは、自分の取り分ではないものまで、他人やどこかから「もっと、よこせ！」と奪うことをいうのです。ここでの収穫は、そういうものではありません。正当な対価としての当然の報酬と産物を受け取るということです。

自分がしてきたことに対する良い結果や素晴らしい収穫物を受け取らないというのは、〝宇宙の愛〟を拒否しているも同然です。

天は、なんでもひとつ残らずあなたに受け取ってほしいと、小さいものから大きなものまであなたに与えられるすべてを用意して、差し出したのです。その愛を受け取るには、差し出されたものに、「ありがとう」と言ってよろこべばいいだけです！

たとえば、逆に、収穫物が思ったより小さかったとしても、決して、「チェッ、これっぽっちか！」と悪態をついたり、「がんばったわりに、少ないぞ」「割に合わない!!」などと、文句を言わないように。

どんな小さくても、恵みは恵み。小さなものにも大きく感謝できる〝心の豊かさ〟が、大切であり、感謝して受け取ることこそが、宇宙に対して、「次もよろしく！」と、自動的にオーダーすることにもつながり、受け取る結果や収穫物を拡大させるものです。

実際、あなたが何かを受け取れば受け取るほど、あなたの中には大きなエネルギー＝活力がわいてきて、さらに自分を引き上げ、活躍させられます。

そのとき、他者や世の中にも、何か良きものを提供することができ、結局、その時点で、〝あとで受け取れることになる収穫や報酬〟をも準備し、拡大していることになるのです！

〝陰〟極まれば、〝陽〟になる

あなたの状況が、良くないものから良いものへと変わる場面をみる

ここまでで、人生の季節について、それぞれの時期をどう過ごすべきかについてお伝えしてきました。「易経」では、**〝時にかなった生き方をすることで、幸運になり、順風満帆にいくようになる〟**ということを伝えているものです。

とはいうものの、地上に訪れる実際の四季なら、3月から5月までが「春」で、6月から8月が「夏」、9月から11月が「秋」で、12月から2月が「冬」と、時期がはっきりしていてわかりやすいものです。それゆえ、その時期になれば、「ああ、春かぁ」とか、「もう夏だなぁ」とわかります。

しかし、人生の四季は、いったいどのようにして、知ることができるのでしょうか？ いつ、「冬」が終わり「春」になり、いつ「春」が進んで「夏」となり、「夏」から「秋」へと変わるのでしょうか？

それについては、「易経」の元になる「易」が、こう伝えています。

「〝陰〟極まれば、〝陽〟になる」と。

自分がどの時期にいるのかは、前述までの人生の四季を読んで、自分の状況と照らし合わせると、わかるものです。うまくいっているのか、そうではないのか。種蒔きしているだけなのか、何か変化が表われてきたのか。収穫できたのか。それは、なんとなくわかればいいわけです。

知っておきたいことは、いつまでそれが続き、いつ次の季節に入るのかということです！

それこそが、**「〝陰〟極まれば、〝陽〟になる」ということで、つまり、あなたがいま、なにもうまくいかない冬の時期にいるとしたら、その辛さが、「もう辛くて辛くて、もうこれ以上耐えられない！ 神様、助けて!!」というほど、辛さや苦しみが極まっ**

たときが〝転じるとき〟なのです。

この人生において一番厳しい「冬」のあと、ようやく、それが終わり、優しいおだやかな「春」に入れるわけです。「春」ののどかさをいやというほどのんびりしたあと、突然忙しくなり「夏」に突入です。そして、「夏」の忙しさに目がまわるほどになり、「疲れた！　休みたい！」となる頃、やっとくつろぎ、収穫に酔いしれる「秋」になるのです。そして、受け取るべきものを受け尽くしたとき、また「冬」に入るわけです。

さて、このことを自然の現象で見てみるとよくわかります。

朝、太陽が昇る前というのは、太陽は完全に沈んでおり、世間にその姿を見せません。深い、深い、真っ暗闇の時間が終わるまで、どうしても昇ることはできません。それはまだ月の出番であり、太陽の自分が昇れる時期ではないからです。

しかし、いったん、闇の時間の底に到達するやいなや、エネルギーが陰から陽へと転じ、続いて、事態が変わるのです。

最も深い夜の闇が去ったあと、太陽はようやく昇り、明るい姿を世間に見せることができます。そして、人はそのまぶしさを感じたくて、明るい外へと出てくるのです。

また、同じように、星が現われることができるのも、空が最も深い闇に包まれたときです。

「星は、最も暗くなったとき現れる！」

人の人生も、これと同じです。

絶望のどん底にあったとしても、「もう、ダメだ」というところまで来たら、必ず大自然の摂理は、あなたを引き上げようとします。あなたに立ち上がれるエネルギーを与えたり、手を差し伸べる人を現わしたり、チャンスをつかめるように、何かしらの出来事を送り込んでくれるわけです。

要は、〝いつ、事態が変わるのか〟と悩んだり、〝早く良くなりたい！〟と、あせるのではなく、そこに置かれている意味をみつめ、そこにある必要な経験を乗り越えていくことが大切だということです。その乗り越え方は、「冬」の時期のミッションを読んでいただければわかるでしょうが、ある意味、そこにある自然の流れに、いっさいをゆだねるということです。

すべきことをして、〝ゆだねる〟態度でいるとき、辛い状況の中でも、道がひらかれやすいものです。〝ゆだねる〟とき、あなたの中に抵抗と摩擦《まさつ》がなく、そのときエネルギー的な障害がなくなるので、天はあなたを動かしやすく、助けやすくなるのです。

たとえ、そのままどん底の底まで一気に落ちてしまっても、やがて来る〝転じる時〟があなたを放っておきはしませんから、安心してください。

また、「冬」が極まり「春」になるときもそうですが、「春」が「夏」へ、「夏」が「秋」へと、変わるときにも、必ず〝極まる地点〟がやってきます。

うれしいうれしいとよろこんでいた収穫も、手にするだけ手にしたら、いったんまたその状況も落ち着いてしまうものです。

しかし、そこで何も、終わりではありません。何もなくなりはしないのです。天は、どんな状況の中でも、あなたをより高次に引き上げ、魂を磨かせ、〝本当の幸せ〟を叶えるための、素晴らしい続きをいつも用意しているものです。

あなたには、まだやるべきことがあり、たどり着くべき、奇跡の場所があり、受け取るべき宝物があるからです！

時はくりかえし、またやってくる

人の魂は〝螺旋状〟に引き上げられ、成長し、高次元に昇っていく！

さて、前項までにお伝えしましたように、人生にも四季があり、「秋」が終わると、また「冬」に入ります。そして、また「春」がきます。

大自然は、ここで何を教えてくれているのでしょうか？

それは、「時はくりかえし、またやってくる」ということです。そのくりかえしは、〝永遠に続くもの〟であり、けれども、ひとつとして〝同じ時〟はないということです。それゆえ、そのときそのとき与えられた〝時の中〟で「時にみあったことをすること」が大切だと、「易経」は伝えています。

その時、その時を、真摯に受け止め、自発的に向き合うならば、人は誰でも磨かれ、より魅力ある、深い人間になっていけます。そして、そのつど、人生を高みへと引き上げていけるのです。

さて、再び、辛く厳しく寒い「冬」の時期がやってきたとしても、心配いりません。あなたはもう何も困りません。むしろ、「ああ、また、来たか」くらいです。冷静でいられることさえもあるものです。どうか安心してください。

というのも、以前、もう「冬」を経験済みであり、その経験の中で、あなたは、自分が辛い時期にはどのようにして過ごし、乗り越えればいいのかを、もう充分学んできたからです。学んだ人ほど強いものはないのです。経験がくれる力は半端《はんぱ》ではありません。経験しておいてよかったのです。どんな辛いことも！

覚えておきたいことは、辛さは、あなたをこらしめるものではなく、それこそがあなたを人間的に、魂的に、大きくし、高次元に連れていくものだということです。

人の魂は、螺旋《らせん》を描くように徐々に、ゆるやかに、少しずつ成長します。

魂が螺旋を描いて成長するのも、宇宙の愛です。螺旋を描いているからこそ、人は一気に下まで転げ落ちることはなく、たとえ落ちたとしても、どこかで受け止めてもらえるのです。

冷たく厳しく辛い状態が再び別の形でやってきたとしても、あなたはもう、恐れることも、それでダメになってしまうこともありません。何度同じような問題がきても、ひとつ、乗り越え方をわかっていると、何度でもクリアできる自分がそこにいるからです。

しかも、次に「冬」が来るときには、その「冬」が来ることを、あなたは秋の終わる前に、早い段階で、薄々気づく察知力もついているので、もし、何かが危うく感じたり、よろしくない方向に向かいかけたり、うまくいかなくなりそうなときは、気配を感じとれます。

それゆえ、大きな失敗をする前に、早めに、小さい規模のうちに、それを食い止めることができ、問題の局面をうまく切り抜けられるのです。経験からきた、より良い方法を得ているおかげで！

しかし、ひとつ、覚えておきたいことは、それは、人生の「冬」の時期に、そこから逃げずに、しっかり現実と向き合い、自分の内面を成長させられた人だけだということです。

もし、冬の時期に、ただ「寒い、寒い！」「辛い、辛い！」と嘆いていただけだったとしたら、次にはあなたはもっと辛い「冬」を経験してしまうことになるでしょう。

そして、大自然は、あなたに、「冬とはどういうものなのか、そこで何をすべきなのか」を教えるために、何度でも容赦なく、同じように厳しい状況を送り込んでくるでしょう。けれども、それは、おおいなる〝宇宙の愛〟でもあるのです。あなたをそこで完全にダメにしたくないからこそ、どうか生き方を学んでほしい！　と切に伝えてきているだけなのですから。

動物は、その大自然が容赦なくもたらす「冬」の厳しさをいやというほど知っています。それゆえ、わが身を守るすべてを得ていられ、パワーを蓄える術を知っており、春をちゃんと迎えられるように生きていられるのです。動物にできて、人間にできないことはありません。

けれども、安心してください。

あなたが経験させられる辛さや厳しさが、あなたの中にある力を越えることはないということです。宇宙はあなたに越えられないような経験はさせません。

乗り越えられることを経験させるだけです。たとえば、年収1千万円の人に、年収1億円の人と同じ金額の税金が来ないのと同じで。

その人にみあったものしか、やってきません。そして、だからこそ、クリアできるのです。それにしっかり向きあおうと、自分自身を成長させるなら。

あなたが成長し始めたとわかると、宇宙はすかさず「おめでとう！　合格！　よくがんばったね」といわんばかりに、素晴らしいサポート、人生の重要キーマン、うれしい出来事、幸せな現象を送り込み、すべての努力に報いてくれます。

ちなみに、人がどんなときでも幸せに生きていけるのは、性格が強いからとか、体力があるからとか、知識や教養があるからではありません。

厳しさを知った心が、辛さを乗り越えた魂が、本当のパワーを持てるようになったからです！

さて、人生の「冬」の時期に経験したあなたの痛みや、それを乗り越えた自信は、その後の自分自身と自分の人生をしっかり癒し、うまく前に進ませるものとなります。それだけでなく、他の誰かの心や人生をも癒していけるものとなるものです。相談に乗り、アドバイスができ、他者の力になるというように。

「私もそういう時期があったけれど、あなたにも乗り越えられるわよ。大丈夫！さぁ、一緒に前に進みましょう！」と。

人が人と癒し合え、助け合え、支え合え、励まし合え、自発的に共に前進し合えたら、神様の仕事もひとつ減るというものだからです。そのとき、つながった人たち皆が、天の仕事を手助けしたことになります。

その分、天はもっと人間に偉大な奇跡をプレゼントするために、とっておきの力と魔法を使うことができるのです！

あえて、制する

陽の中に陰を、陰の中に陽を持つとき、もっとずっとその幸福は続く

「時はくりかえし、またやってくる」と、前項ではお伝えしましたとはいうものの、この人生では、できれば辛くて厳しい「冬」の時期は短く、楽しい幸せな「春」や、活躍できて昇っていける「夏」は長く、良きものを収穫できる「秋」は永遠であってほしいと思う人もいることでしょう。

この地上での日本の四季の「春」「夏」「秋」「冬」は、ほぼ同じくらいのスパン（だいたい３か月ごと）で季節がリピートされるので、人は、どの季節にいるのかによって、いたずらに憂いたり、騒いだりしないものです。どの季節にいたとしても、どのみち、３か月もすれば、別の季節になるのがわかるからです。

「冬の間に、スキーをしよう」「夏の間に、海で泳いでおこう」というくらいです。

しかし、人生の四季は、その自分が身を置いている状態の時期がいったいいつまで続くのか、どのくらいのスパン続くのか、わからないものです。

それだけに、辛い季節にいる人は、夜が明ける前に絶望して死んでしまったり、よろこばしい季節に有頂天になって、良かったにもかかわらず突然墜落してしまったりすることもあるものです。

では、人が、この人生を生きていくうえで、「良い時期」をできるだけ長引かせ、「悪い時期」をできるだけ短くし、人生を全般的に順風満帆にいかせるには、どうすればいいのでしょうか?

その答えを、「易経」では、「陽の中にあって陰を持ち、陰の中にあって陽を芽生えさせること」と、伝えています。

つまり、「良い時期」にあるときには、有頂天になったり、浮き足立ったりするような気持ちを〝抑えることが大切だ〟と。「有頂天になるまい」「こんなことはいつまでも続かないから、気を引き締めていこう」と、はやる気持ちや、盛り上がりっぱなしになりそうな気持ちを、自らの中で少し抑えて、〝時〟にあわせながら、まわりをみながら、良い状態の中を落ち着いて進んでいくことが大切なのです。

それが、「陽」（よろこびや良い状態）の中にあって、「陰」（謙虚になる気持ち）を芽生えさせることであり、そうすることによって、良いことが極端に早く極まってしまわないようにし、賢くキープさせられるわけです。

良い状態の中で気持ちを引き締め、あえて、謙虚になり、それを征することで、その状況の中に、なおもそれを養う「陰」のエネルギーを生じさせることができ、良い状態が増え、かつ、長く続くことができるのです。

もし、良い状態の中にあるときに、ひとつも「陰」を芽生えさせなかったとしたら、その人は、どうなると思います？

「わ〜い！　いま、自分は絶好調だ〜!!」「みて、みて！　私すごいでしょ！」などと、有頂天になり、浮き足立ち、なにかと騒ぎ、もっともっととそれを追い求め、すぐにそのピークを迎えてしまい、「はい。おしまい」となるしかなくなります。

要は、自分が人生から、何を、どのように、受け取りたいかということです！ すぐに消える幸せがほしいのか、長く続く幸せがほしいのかということです。その価値は、自分で決められます。

ちなみに、「良い状態」という「陽」の中にいるときに持ち込む「陰」は、ほんの少しでいいのです。

せっかくの「良い状態」の中に、あまりにも大きな「陰」を持ち込むと、逆に、それはまた自ら良い状態が続くのを止めたり、早く終わらせたりすることになりかねないからです。

たとえば、「陽」の中に「陰」を過剰に持ち込んでしまった人はすぐにわかります。というのも、よろこばしいことや、良い状態にあるのに、それを一切よろこべず、「良いことがあっても、このあと何か悪いことが起こるのではないか」「人にねたまれるのではないか」と、いらぬ心配をしたり、暗くなったりして、良い状態を恐れて、逃げ腰になるからです。それは、「謙虚」とはまた違う感じなのです。「謙虚」なとき、人は何も恐れていませんから。

逆に、「悪い状態」にあるときにも、それを恐れ、心配してばかりいるのはよくありません。「悪い、悪い」と四六時中思っていると、さらに悪いことを引き寄せかねないからです。

そうではなく、「きっと、ここから良くなる」「こんな状態、乗り越えてみせる！」「ここから幸せになるぞ！」と思うことで、悪い時期の中にも、しっかり「陽」を持ち込むことが大切なのです。

すると、どんなに悲惨な状態の中にあっても、気づきや学びや成長を得られます。そこで絶望したり、死んだりすることもなく、ちゃんと自然の流れで辛いことが終わる場面に導かれ、みごとに引き上げられるようになっているからです。

悪い時期にいるときにも、「陽」を過剰に持ち込むことはよくありません。

「えっ？　そんなときこそ、めいっぱい明るくしておくために、陽をたくさん芽生えさせるべきじゃないの？」という声が聞こえてきそうですね。

では、お答えしましょう。

悪い時期を終えるためには、そうなった痛みや辛さをもって知ることも大切なのです。人は、痛い目にあうと、いやでも「もう二度とこんなことにはなりたくない」とわかることができるからです。

もし、悪い時期に、それと向き合うこともなく、ただ、気をまぎらわすために無理に明るくしようとしたとしたら、その人の心は壊れます。人生を修復するチャンスを失います。悪い時期に、辛い中に〝陽〟を持ち込むとは、悲しみや痛みや辛さから逃げることではないのです。

辛い中にあっても、その人生の中にいる意味を学びつつ、明るく「陽」を持つことができるから、正しく立ち直る力を発揮でき、そのおかげで悪い時期は短くなり、早く良い状態に入っていけるのです。

「陽」と「陰」ということを考えるとき、とかく、「陽」のエネルギーが良いもので、

「陰」のエネルギーが悪いものとされがちですが、そうではありません。大自然は、「陰」と「陽」のエネルギーのおおもと「太極」のエネルギーでできているからです。

つまり、朝があって夜になれ、夜があって朝になれ、そんなふうに、両者のエネルギーは、互いにつながっているものであり、どちらも同じく大切な働きを持っているにすぎないのです。

第2章

なにかとうまくいく☆大自然の教え

小さな植物の中にさえ、
成功する人の秘密がある

〝若葉のごとく〟ある人が、強運な人

小さな無力の存在が、大きく伸びて、その力を世に示す方法

この世の中には、自分の努力を放棄しておいて、「強運になりたい！」などと、平気で言う人がいるものです。そういう人に限って、まわりの誰かが何かしら誉れな成果を上げたり、大きな成功をおさめたり、偉大な人になると、必ず、こう言うものです。「あいつは、運がいいからな」「強運だからだよ」などと。

しかし、そうではありません。なにかしらの成果を上げたり、成功したり、偉大な人になる人は、必ず、陰で努力をしているものです。

その陰の努力を知らない人たちが、すべてを「運」で片づけて、「強運」でさえあれば、何でもうまくいくと思っているわけです。そして、「運」がないから、自分は損を

したのだと。そう考えることを、もしかしたら浅はかというのかもしれませんね。

さて、では、その「強運な人」とは、本当は、どういう人のことなのでしょうか？「易経」の根本〝易〟は、「強運な人は、〝若葉のごとくある人〟」だと説いています！

〝若葉のごとくある人〟とは、たとえ、自分が小さく、微力な存在であっても、たとえ、外の世界に対する不安に怯《おび》えていたとしても、震えながらでも、勇敢に自分の道をまっすぐ突き進もうとする人、のことです。

これもまた、大自然の摂理からなる教えです。

若葉というのは、その成長を観察し続けて、よく見てみると、小刻みに震えながら少しずつ少しずつ伸びているものです。土の中から出てくるときも、いや、土の中に埋められた〝種《たね》の殻〟を破って出てくるときも、震えながら自らのその振動で、殻の内側から殻を破り、土をよけ、地表に出てくるのです。

ちなみに、若葉があんなにもかたいかたい種《たね》の殻を破れるのは、暗くて冷たい土の中にあっても、泣きごとを言わず、必要な努力をしたからです。土の中から必要な水や栄養分を吸収し続け、内側から〝自分自身〟を成長させたことで、自分の〝殻〟を破るほど柔らかくなれたからです。成長するとすべてのものは〝柔らかく〟なり、その柔軟さで、かたいものを破れるのです。

それだけを考えても、若葉の努力はすごいものです。とにかく、あんなにも弱々しげな存在でありながらも、自分の殻を破り、人間がスコップを使わないと掘り返せないような堅い土を押しのけ、地表に姿を出すのですから。

しかも、〝若葉〟は、地表に出たあとも、雨風に吹かれながら、厳しい日差しに耐えながら、時には、嵐にもまれながら、それでも、「ここでダメにならないように」と、しっかり土に根を張り、ふんばる努力もします。そして、相変わらず、小刻みに震えながら伸びていき、月日をかけて成長し、やがて立派な花を咲かせるのです。

その生きる姿勢を、「勇気」というのです！　最も「勇気」のある〝若葉のごとくある人〟こそ、「強運の人」なのです！

よく考えてもみてください。誰でも知らない世界に出ていくのは恐いものです。初めて見る世界にとまどうものです。どんな環境が自分を待っているのかわからないし、どんなことが起こるのか予想できないものです。いいことばかりとは限らないし、辛いこともあるかもしれないからです。

未知の世界に出ていき、そこで自分を成長させなくてはならないというとき、人はやはり不安であり、孤独です。時には、先の見えない恐怖に身がすくみ、一歩たりとも歩けなくなることだってあります。

だからこそ、「勇気」をふりしぼらないと、前進できないわけです！「勇気」を持って進むしか、自分の道をまっとうできないから、そうするしかないのです。

〝若葉〟にできて、人間にできないことはないのではないでしょうか。

しかも、〝若葉〟と違って、私たちはひとりぽつんと存在しているわけではありません。まわりにはたくさんの人がいて、力を持っている人も、サポートしてくれる人もたくさんいます。愛情をかけてくれる人も！

もし、いまのあなたが、何者でもなく、とるにたりない人間だと自分が思っていたとしても、たとえ、小さな存在でも、微力ながらでも、自分を成長させ、伸びていく努力をしていたとしたら、そんなあなたを無視できる人はいないものです。

「勇気」ある人の行動は、必ず誰かの目にとまりますし、手を差し伸べられ、讃《たた》えられ、引き上げられ、より良い世界にいざなわれるものです。

自分が小さく微力な存在だからということばかりを理由に、何もしなかったら、その人はいつまでも自分の小ささだけを問題にし、「だから、世間が相手にしなかったのだ。自分は何も悪くない。世間のせいだ！　運がないからだ！」と、世間や運を恨むことになります。

けれども、そうではないのです。存在の大きい小さいではないのです。人が人を認め、天が人を引き上げるというのは。

あなたが、どういう存在であれ、どういう環境に入るのであれ、なにを、どういう気持ちでしようとしたかが大切なのです！

震えながらでも前進しようとするそのけなげな姿に、人は心打たれ、感動し、「どうか私にも、何かサポートさせてくれないか」「どうだろう。もし、よければ、君をわが社に迎えたいのだが」となるわけです。

「強運な人」が、あの小さく、微力な、震えながらしか前に進めない〝若葉のような人〟だとしたら、私たちはほぼみんな最初は、小さくて、微力な存在だったのです。ということは、誰でも自分次第で、「強運な人」になれ、まわりにサポートされるべき存在となり、立派な成功をも収められる人になれるということです！

大自然は、力ある大きい者にだけチャンスを与えるのではありません。小さな細部にまで心を配り、しっかりチャンスを与えてくれているのです。

昇りたいなら、一歩前へ

昇る秘訣は、決して上を見上げないこと。
では、どうする!?

いまより、高みに昇りたいというのなら、背伸びして、爪先立って、上ばかりを見上げておらず、まずは、しっかりこの地に足をつけることです。

大地に足をつけ、自分が身を置く場所ですべきことを淡々とするとき、天のご加護と恩恵がそのままその人に降りてきて、必然的に高い次元に引き上げられる！　と、「易経」のもととなる「易」は伝えています。

そのとき、ただ、一歩、前に出ればいいだけです。

自分はもっと上に昇りたい！　世に出てさらに高いポジションにつきたい！　認められる誉れな存在になりたい！　もっと成功し、高い報酬を得たい！　というとき、たいがい人は、「上を眺めている」ものです。

その見上げた憧れのある場所が、いまの自分からはずいぶんかけ離れた、とても高く遠いところにあるかのように。

しかし、上を眺めて、そこに向かって、ジャンプしたからといって、昇れるものではありません。

そんなときほど、地にしっかり足をつけ、いまの自分の足元にあるものをよく見て、すべきことをすることが大切なのです！

そのとき、一歩前に出るとは、どういうことでしょうか？

それは、つまり、仰ぎ見る天に向かって、「どうか、自分を役立たせてください！」「この自分を通してできる何か有意義なことがあれば、どうか、この自分をお使いください。自発的にそれをやります！」という気持ちでいると同時に、自分にとって確かなことを実際にひとつ、人よりも率先して、やってみるということです。

たとえば、自分のかかわる仕事やチャンスの場面において、自分が「これは、良いことだ」「これは、人のためになるだろう」と思うことがあったなら、一時間でも、一日でも、一週間でも、人より先に、それをやるのです。

他の人が、「まぁ、このくらいでいいか」というところで何かを形にしようとするときも、自分だけは、「いや、もう少し、創意工夫できるところはないか」「他にもっと良くできるところはないか」と考え、人よりひとつ多く手間をかけたり、知恵やアイデアを生み出し、それをそこに反映させてみるのです。

また、他の人が、「これだけやれば十分だ」というところで何かを終えようとしても、自分だけは、「何か、もっと、ブラッシュアップできるところはないか」「さらに、サービスできるものはないか」「より、お客さんによろこんでもらえることはないか」「さらに、感動的な、価値ある結果を生み出せることはないか」と、思いつく素晴らしいものを、惜しみなくそこにひとつ提供してみるのです。

あるいは、他の人が、「こんなことは、あとでいい」「これは、明日やればいい」とあとまわしにしがちなことを、「いや、私はいますぐやろう！」「今日、それをやれたら、うれしい」と、自発的にそれに着手し、やり始め、予定未来を先取りしてみるのです。

たったひとつ、たった一時間、たった一歩先に、あなたがそこで何かをするだけで、〝あなた〟と〝他人たち〟との間には、大きな差がつきます！

そのとき、あなたはまわりの人より頭一つポコッと上に出ていて、天からは見つけやすい人でいて、それゆえ、幸運のスポットライトが当たりやすく、すんなり、高い次元に、高い世界に、引き上げられ、憧れの場所へと自動的に昇れるようになっているのです！

より高い精神で行ったことのすべてが、より高いエネルギーで行ったことのすべてが、必然的にいまのあなたをより高みへと引き上げるものとなるわけです。

たとえば、そのとき、実際の立場や、会社のポジションや、受け取る給与の額が、すぐには良い形であなたの生活に反映されないとして、そのことを心配したり、不服に思う必要はありません。

ほどなくして、何かしら、大きな天の配慮のもと、すごい出来事が起きて、あなたにとって重要な人たちと運命的な出逢いをし、予想外の展開と流れの中、あなたは何者かにならざるを得なくなり、世に出て活躍するしかなくなるからです！

そのとき、あなたは自分が憧れていた地点以上に高い場所にいて、あなた自身が他の人たちから憧れられ、見上げられる存在になっているものです。

小さな変化にも敏感でいる

宇宙の摂理が正しく働いているからこそ、サインとして現象は現われる

あなたが思いに沿って行動を起こすと、それに引き続いて必ず何かしら現象が起こります。なにか現象が起こったときには、その「規模」の大きい小さいではなく、「方向性」に注目することです！

それがどんなに小さな現象であれ、確実に起こったのだとしたら、それこそがあなたの人生に、宇宙の摂理が正しく働いているサインだからです。

起こったことがどんなに小さくても、それが良いことで、うれしいもので、希望に満ちるものであるとき、あなたは自分の人生に対して、まずまず良い形で事を成し得

たということです。

そこにある小さな良い現象に対して、何か良い予感で、「イケる！」と感じたら、迷わずそのままその方向に進んでください。望むゴールにたどりつくはずです。

小さなサインをキャッチでき、その先をも期待し、よろこばしい気持ちで、ポジティブに進んでいくと、次々と良いことが連鎖します！　シンクロニシティ＝共時現象が起こって！

それは、まさに、あなたが進んでいる道が正しいものであることを天が伝え、応援してくれている証拠です。そういうときは、望んでいたものをうまく手にできますし、他の人がつかみそこねるような大きな宝物をも、すんなりつかんでしまえるものです。

逆に、起こったことが、どんなにささいなことであれ、もし、よくないことや、悪いことや、問題や、障害で、よろこべないことで悩みとなることで困ったとしたら、そこでいったん立ち止まってください。

そういう場合、なにかどこかをまちがって行った可能性があります。やり方なのか、関わった人なのか、それは何かわかりませんが、なにかが正される必要があるから、そうなっているということかもしれません。あるいは、時期がズレているので、物事が整わず、進行が止められることで、そのズレを天が〝時間調整〟しているということかもしれません。

とにかく、止められたら、その時点でそれを受け入れ、素直にいったんストップし、その状況を落ち着いて見ることです。そうすれば、自分がそこで何をすべきか、誰に何をどう言うべきか、どこを軌道修正すべきかがわかり、まちがったまま進行してしまうのをその時点で食い止め、より良い形にもっていくことができます。

物事は形になっていくとき、変化しながらそうなるわけですが、その変化の方向性が良いものなのか、よくないものかを、ちゃんと気づける人でいることが大切です。それによって、受け取る結果の質と、たどりつく世界が、大きく変わってくるからです。

〝志〟を叶える人でいる

楽しみなのか、貫きたい目的なのか、
そこにこそ生き方がある

この人生に彩りをそえてくれ、より充実させてくれ、より大きな幸せに出逢わせてくれるものがあります。それは「夢」と、「志」です。

「夢」や「志」を持っている人は、平凡なこの日常の中にあっても、イキイキした感覚、キラキラした輝き、明日への活力を得やすいものです。

また、実際にそれが叶えられることで、みちがえるような〝わくわくする人生〟を送ることもできます。

しかし、この「夢」と「志」は、似ているようで大きく違います。

どちらも、〝叶えたいと思うもの〟ですが、「夢」は、みているだけで楽しく、自由度が大きく、想像がふくらみやすいもので、気分は高揚します。

けれども、それは「夢」だけに、本人の心のどこかに、叶わないなら叶わないでいてもいいと、それはそれでよしとできるところもあるものです。

「夢」は、叶えたいと思うことで、すでにその人に良い気分を得させられるものです。それゆえ、夢うつつでも、それなりに満足できてしまうことがあります。

たとえば、「ああ、若い頃、アイドル歌手になりたいなんて、あんな夢をみていたなぁ～」と、なつかしむだけでも楽しいものです。

しかし、「志」は、そんな「夢」とは、まったく違います！

「志」は、なにがなんでも叶えなくてはなりません！　〝その道を行く〟ということであり、〝それを生きる〟ということです。それは、自分にとっては、貫き通さなくてはならないほど、大きな意味と価値があるものだからです。

人が、本気で、大きな志を持つとき、必ず、〝むしゃぶるい〟が起こるものです。なにがなんでもそれを為さんとする確固たる信念があると、心のエネルギーが大きく動き、内側から振動が起こり、むしゃぶるいとして出るわけです。

その振動エネルギー、つまり、波動が、その本人を自発的に動かし、宇宙を動かし、まわりを動かし、世界を動かし、すべてをみごとに叶える魔法のエネルギーになるのです！

「志」は、叶わないと困ります。絶対に叶えなくてはなりません！　というのも、「志」が叶わないとき、人は自分が生きていく意味を失うからです。それは生ぬるいことをしている人には叶わないものであり、本気の人だけが叶えるものです。

「志」が叶わないとき、どうすればいいのかと、これを読んで心配する人もいるかもしれませんね。そういう人のためにお伝えしておきましょう。

「志」は、それ自体が生きる意味、ミッションであり、その人の魂に直結しているがゆえに、その本人を無条件に奮い立たせます。それゆえ、それに向かって、よろこんでことを起こさずにはいられなくなり、叶えてしまえるものです。

それをやるのが、〝生き甲斐〟なわけですから、自発的にそれにかかわり、誰に何を言われずとも、本気になれ、情熱的でいるものです。そのとき、まわりの人をも熱い感動に巻き込み、天をも奮い立たせるので、強力なサポートがタイミングよく投入されたりします。そのおかげで、いやでも「志」は叶う方向へ、叶う方向へと進んでいくことになります。それゆえ、たとえ何年かかったとしても、結局、叶うので、何も心配いらないのです。

さて、一方、「夢」は、紙にでも書いて、家の壁にでも飾っておきましょう。手帳に書いて、見るたびに楽しんでもいいでしょう。

しかし、「志」は、家に置いてきてはいけません！　つねに、自分の心の中に掲げておくのです！　というのも、それがないと、さみしいはずです、当の本人が。

そして、誤解のないようお伝えしておきますと、「志」は、叶えなくてはならないものだといっても、それは義務ではありません。本人が、「そうしたい♪」と思えるもの。それゆえ、そこには、なにも、しんどいものや、無理なものは、一切ありません。本気で何かを目指すとき、人は、自分が〝それが一番楽しい〟とわかっており、自然にそれについていけるからです。

そもそも、「志」を持っている人は、生きる姿勢としてのモチベーションが基本的に高いものです。パッションに満ち、わくわくしながら前に進むものです。

ちなみに、途中でやめる、ついていけなくなった、という「夢」や「志」があるとすれば、それは〝真の魂からのよろこび〟で求めたことではなく、目先の欲やなにかしらのエゴや隠された他の理由から求めたことかもしれません。

人は、自分にとって〝本物〟でないものや、〝本当に価値〟を感じられないものには、自分のエネルギーや時間を惜しみなくかけることができず、途中でかんたんに見捨てるものです。

捨てたものというのは、いつでも、結局、その程度のものだったということです。

よろこびと苦しみの〝扱い方〟

尊いものに生き方を習うとき、この人生は最高傑作になる!

あなたがこの人生をより幸せに、豊かに、充実したものにするためには、日々のよろこびには素直についていき、楽しむことです。そして、ときおりやってくる苦しみや辛さには、気づきとメッセージを自発的に感じ取るようにし、教訓を学ぶことです。

「よろこびにエンジョイし、苦しみはスタディとする」

それもまた人間にとっての正しい生き方のヒントだと「易経」は伝えています。

にもかかわらず、まちがった生き方をし、自らよけいな苦労や荷物を人生にしょい込む人がいるものです。前述とは真逆のことをして。

つまり、「楽しいことばかりしていたら人間がダメになる。だから、辛いことにも、もっとかかわるべきだ」「よろこんでばかりいないで、自分を戒めることだ。苦労は買ってでもするほうがいいのだ」と。

そうして、よろこびを、「この程度にしておこう」と少なめにしたり、あとまわしにし、あろうことか、しんどいことや苦しいことに自ら向かっていこうとするのです。

苦労は、買ってまでする必要はありません。というのも、自分の度量や器が小さいときにそんなことをしても、乗り越えられるどころか、そこで潰れるだけだからです。

苦労を買ってまでしなくても、どのみち、あなたが未熟な場面や、何かをまちがえるときや、何かを正すべきときになれば、いやでも、苦労することになります。それゆえ、やってきたときに乗り越えたらいいだけです。

苦労を乗り越えて大きくなれた人は、それを追いかけてまで経験したのではなく、不本意ながらも、やってきたことに苦しみながらも、しっかり対処した人です。

さて、**大自然はとても優しく、あなたをごくごく自然に守ります。**
その自然さはいつも、あなたのハートを見ればわかります。何かをしていて、自然によろこびがわくなら、それはそういうことです。自然に苦しいなら、それはそういうことです。

いつでも、あなたにとって、よろこびのあるところが、あなたが自分らしく生かされているところであり、あなたにとって苦しみが多いところは、あなたが自分らしく生かされていないところだということです。
大自然は遠回しなことをいわず、いつも、ストレートにごく自然に人に何かを気づくよう、教えてくれているものだと覚えておきたいものです。

さて、人が「夢」や「志」を、叶えてしまえるのも、そこに、それをやる無条件の〝よろこび〟があるからです。人の魂はいつも、無条件によろこべるものに自然に向かうようになっています。最も愛しているものに強く惹きつけられるようになっているのです。

「夢」や「志」が叶うというとき、それはその規模が小さいから叶いやすい、大きいから叶いにくいということではありません。

その規模の大小ではなく、自分にとってのよろこびが大きいか小さいか、にかかっているということです。

よろこびを充分楽しみ、苦しみにはしっかり学ぶとき、人生はごくかんたんに、あなたを成長させ、幸せにし、人生を豊かにしてくれるのです！

未熟なまま、世に出ない

いたずらに早熟をあせらないこと。
熟したとき、お呼びもかかる

自分を生かし、自己実現し、世に出て何事かを成し遂げんとするのなら、「早熟」をあせらず、しっかり内面から成長することです。

早く大人になりたい！ 早く事を起こしたい！ 早く結果を得たい！ と、あせってみても、どのみち、未熟なままでは、何もできず、誰にも相手にされず、素晴らしいものを完成させることはできないからです。

たとえば、あなたが〝トマト〟だったとしましょう。そして、「早くもぎとってもらいたい！ 早く市場に並びたい！ 早くお客さんに、食べてもらい、おいしい！ と言ってもらいたい！」と願っているとしましょう。

そのとき、「早く！　早く！」とあせって赤くなろうとしても、自分の内面で〝すべきことをする時間〟、つまり、太陽の光を取り入れ、雨から水分を吸い取り、土から栄養分を吸収するという、〝時〟の経過なくして、真っ赤に熟したトマトにはなれないでしょう。

〝望む状態にふさわしい存在〟になるまで、それなりの時間の経過と出来事と経験があってこそ、人は自分が備えるべき資質や要素を育め、成長することができ、物事の成就に必要な条件を持つこともできるわけです。

もし、気持ちがあせるだけで、実際には何もせず、時間を見送るだけならば、過ごす時は魔法にはならず、サポートもしてくれません。

それどころか、スゴロクのように、最初に戻ってスタートをやり直さなければならないようなことさえ起こり、かえって人生の時間ロスをするものです。

未熟なままでいて、世に出たい！　何かしたい！　認められたい！　といっても、そうはいかないのが自然の摂理です。青いものは、青いものだとみなされます。

青くて固いままでは、畑のおじさんは決してもぎとってはくれません。どんなに強く、「早く、私も市場に並べて、お客さんのところに運んでいって！」と主張しても、「いや、まだ、それはできない！」と断られるでしょう。なにせ、青いのですら。

しかし、これは、なにも畑のおじさんが意地悪をしているのでも、不運なことなのでもありません。〝機が熟していない〟からであり、青いままのあなたを採用しないことこそ、あなたへの愛だからです！

もし、青く、未熟なまま、誰かのもとに行ってしまったとしたら、「こんなもの、ちっともおいしくない！」「これを手に取るのは、やめておいたほうがいいよ。青いし、まずいから！」と不評に終わり、かえって今後の活躍のチャンスを失うことになるでしょう。

この世の中では、良いも悪いも、自分がやることのすべてが自分のＰＲや宣伝になってしまうものです。せいては、ことを仕損じるものです！

早熟をあせると、認めてもらえないどころか、恥をかき、失態をさらすことになり、人生の大損です。


あせらず、落ち着いて、日常的にすべきことをし、成長のために有意義に生きる時間を過ごしたならば、あなたは無理なく、すんなり熟せ、〝機〟も自然に熟します。

そのとき、あなたは、「いまだ！」と、自分の出番がきたことがすぐにわかります。というのも、良質になったあなたにまわりがてきめんに反応するからです！

あなたが相当良い素質を持った人で、ただ者ではなく、おいしい存在だということのその価値を、すぐに感じとった人たちがやってきて、あなたを高く買い、世に出そうとします！　そして、世間にもっとその魅力と良さをひろげたいと、あなたを一気に引き上げ、新しい世界にいざなってくれるからです！


覚えておきたいことは、成し遂げたいことや叶えたいことがあるとき、「早く！」と、あせらなくてもよかったのだということです。肝心なことは、「早さ」ではなく、

「確実さ」にあるからです！

物事の〝機が熟していない〟うち、つまり、自分が未熟なうちは、あなたには何かを成せる力も、活躍の場も、準備されていないものです。天もあなたにチャンスや良きものを与える準備にとりかかれません。

「早く！」と騒いだところで、どのみち、何かどこか欠けたものや、未完成なもの、不満足なものしか手にすることができません。

賢い人は、あせらず、時をみかたにつけながら、〝確実に！〟物事を成り立たせているのです。

熟すまで成長し続けることで、〝時〟をみかたをつける以外、世界はあなたに何も授けられないのです。

私事で恐縮ですが、私は20代の頃、出版社に原稿を持ち込んでは何度もアタックしていました。が、当時は誰にも相手にされず、まったく企画が通りませんでした。原稿は最後まで読んでもらえず、ぺらぺらとめくっては、その場で突き返されるだけでした。

　そのとき、私は「このままではいけない」と思い、うまくいかない自分をいったんひっこめ、力をつけて出直す決心をしたのです。そうして、もっと多くの本を読み、もっと多くの言葉を書き、年月を学びのために費やしたあと、突然、企画が編集長の目にとまり、デビューが叶ったのです。

　そのときはきっと、以前より私は、伝えたいことをうまく伝えるにふさわしい内面や感性を育め、必要な人生経験を経ていられ、自分を成長させることができていたのでしょう。また、そんな中で、機も熟していったのでしょう。


　そのとき、つくづくこう思ったものです。

「ああ、あのとき中途半端に物事が通らなくて本当によかった！　デビューが40歳過ぎてからの、この時期でよかった！　もし、万が一、20代のうちにデビューできてしまっていたとしたら、いまほど深い内容や、いろいろなエピソードは書けず、もしかしたら、たった一冊で終わっていたかもしれない。自分の未熟さと人生経験の少なさゆえに」と。

〝陰〟で自分を磨くから、表の世界で〝光〟が当たる

人知れず努力する人は、やがて必ず報われる！ それが自然の摂理

あなたが世に出て活躍し、輝かしい存在になり、一躍脚光を浴びるような、存在になりたいのなら、あるいは、その活躍ぶりを認められ、不動の地位を獲得したいというのなら、惜しまず、〝陰《かげ》で努力する人でいる〟ことです。

たとえ、いま不遇な状況の中にあっても、何も認めてもらえなくても、誰にも相手にされなくても、バカにされるばかりでも、人生最悪のどん底にいたとしても、とにかく、そこで腐らぬように！

しかし、〝陰で努力する〟とは、いったい何をどうすることなのでしょうか？

ズバリそれは、〝自分を掘り下げる努力をする〟ということです。

うまくいかない自分を見放すのではなく、優しくより添い、深く深く自分の内側を掘り下げていくとき、純粋な気持ちでそうするならば、やがて、温泉が湧き出る地点に到達したかのような、命の泉とでもいうべき大切な気づきと悟りに出逢えます。

それは、あなたが辛い中にあっても自分を見捨てることなく、本気で救おうとしたときにだけ現れる宝物でもあり、〝魂の光〟そのものです！

報われない人生の中にあっても、決して自暴自棄にならず、腐らず、あきらめず、その到達地点に自ら進んでいくことを、自然は〝努力〟と呼ぶのです。

その〝努力〟が、あなた自身や人生を、底から救い上げるものとなるのです！

まだ名もない存在で、何も認められず、誰にも相手にしてもらえないとき、人は、まわりからかんたんに見捨てられがちなものです。が、そういうときこそ、自分だけは自分を絶対に見捨てない、最後まで自分だけは自分のみかたになるという、自己への愛が必要なのです。

〝努力〟する中、「私があなたを絶対に守ってあげる！ どんな夢も叶えてあげるし、幸せにしてあげるから、待っていて！」と、自分に誓いの言葉をかけることも重要です。

人知れず、陰で必要な努力を一生懸命しているとき（精神的に成長することはもちろんのこと、具体的に何かに取り組んだり、善行につとめるとき）、あなたの魂は内側から光を生み出し、輝きます。

覚えておきたいことは、光は、いつも、闇の中からしか、生まれないということです。「陰」で自分を磨くから、表の世界で「光」が当たる。それこそ尊い大自然の教えなのです！

たとえば、明るいところで、つまり、外の世界、他人の目に容易に触れるところで、これみよがしに何かをしても、魂を輝かせる光は生まれにくいものです。

そこには、自分のエゴやまわりの人たちからの称賛を意識する、つまらない気持ちが入るからです。

けれども、誰も見ていない暗闇の中、けなげに自分と向き合い、掘り下げ、精神的に成長しよう、すべきことをしておこう、自分にできることならばと善行にも励む努力をするから、「陰徳」の力がつき、魂がきれいに光るのです。

その「陰徳」からくる、本物の輝きだけが、あなたが表舞台に出たとき、一瞬で人の目を奪い、心に届き、感動を呼ぶのです！

そのとき、あなたが何をしたかをいちいち語らずとも、人々はあなたの良さや価値や偉大さをすぐに感じ取り、認め、讃えます。あなたの姿に何か高貴なるものを感じ、その波動にふれたいと集まってきます。人生は素晴らしい人生好転を見せてくれ、幸せな奇跡を運んできてくれます！

そして、「易経」は、伝えています。奇跡とは、起こらないことが起こることを珍しく言っているのではない、それは、大自然の摂理と規則にのっとった〝正しい時の流れ〟の中で、必然的に起こるものなのだと。

その奇跡こそ、「陰」（かげ）の努力＝「陰徳」の力からくる、〝魂の光〟のエネルギーがくれる魔法の結果なのです！

第3章

運のいい人になる☆ “時の魔法”

宇宙がさしだす宝物を
タイミングよく受け取る方法

〝時〟の魔法に乗って、進む

自分のやりたいことをいつ始めればいい？
その時期はこうしてみる

なにかしら習いたいこと、学びたいこと、チャレンジしたいこと、やりたいことがあるとき、人は、それをいつからにしようかと悩んだり、いまやるべきか、それとももっと先にまわしたほうがいいのかと、始めるタイミングに迷ったりすることがあります。いま、わざわざそんなことをしなくてもいいのか、それとも、いまこそ！　なのか、と。

その答えについて、「易経」では、こう伝えています。

あなたがそれを、「習いたい」「学びたい」「やってみたい」と思ったときが、〝それをするとき〟です！　と。

人間は、それをやるにふさわしい時期がくると、ちゃんとその時期にふさわしいものを、自分に与えられるように、させてあげられるように、なっています。

たとえば、おなかが空いたミツバチが花の蜜をグッドタイミングでうまく自分に与えられるように。春を感じた花が、その瞬間に、春だと感じ、「もう、咲きたい！」という意図を発し、つぼみを開かせるのと同じように。

人も自然の一部です。生命の営みはいつもナチュラルにあなたを導きます。内面のうずきや思いを通して、人は自分を適った時期に、適った場所で、適ったやり方で、導けるのです。いま、何を得れば、何をすれば、自分のためになるのかと。

それがわかるのは、**それまでそういったことに関心や興味がなくとも、その時期がくると、自然に、〝そういう気持ち〟がわき起こるからです。**

そして、そういう気持ちに合わせた〝動き〟を自然にしていく中で、たまたま見た新聞広告やインターネット検索で、それを習える良い場所を見つけたり、良い講師を見つけたりします。

それは、たいがい、あなたの自宅近くや、会社帰りに寄れる、あなたにとって好都合で便利な場所にあるものです。いままでその駅になど一度も降り立ったことがなくても、突然、そこに通ってみたい気持ちになり、「へぇ～、こんな場所にこんないいところがあったんだ♪」と感心し、感動し、うれしくなります。

また、それまでは忙しかったのに、仕事や家庭の中が落ち着き、時間があき、何かを習ったり、学んだり、やれるスケジュールが確保できます。それをする日が会社を早く帰れる曜日であったり、望んでいた時間帯になっていたりします。

しかも、そのために使える余分なお金がそのときのあなたにはあり、それがたとえば高額セミナーであったとしても、「行きたい！　絶対に行こう！」と思っていると、なぜか、申込締切日に間に合うように資金が準備できたり、ぴったりの金額が突然入ってきたりします。

また、誰か良い紹介者がいて、すんなり何かをやれるようになったり、特別優遇があったりして、事がスムーズに進み、物事が落ち着く場所に落ち着くようになります。

出逢う習いごとや、学びたいものや、したいことや、受講するセミナーの講師は、まさに、そのときのあなたにぴったりと合う人であり、何ひとつそのときのあなたの波動とズレておらず、魂の成長に適ったものとなっています。

そのとき、あなたの日常には、それらにまつわる人、場所、お金、出来事が良いタイミングでやってくるわけですが、それらは、何を隠そう、「時」があなたに与えているものなのです。

必要なものを、必要なときに、好都合な形で得られるのは、すべて、〝時の魔法〟のなせるわざです！ 大自然はあなたに、いつも、ベストタイミングで何かを見つけさせ、そのつどあなたの可能性の世界を大きく広げてくれます！

そのとき、あなたは自分がそれを求めたかのように思っているものですが、実は最初から魂に内蔵されている「ベストタイミング」を知らせるベルが鳴り、その〝時〟に「〇〇もしてみたいなあ」と察知しただけだったのです。

来るべき時を迎える

〝時〟のしくみに沿うことで、
何をするのもしないのも正解となる

あなたの人生で、何かが起こるのは、〝その時が、そうなるにふさわしい時〟であるからこそです。

たとえば、桜の花が咲くのは、咲くにふさわしい時期が来たからであり、桜の花が散るのは、散るべき時がきたからです。散るとき、一見それは、さみしいことのように思われますし、もうおしまいにも見えるものです。

しかし、それは、「次の春にもう一度咲くため！」であり、その散った時こそ、それはそれでふさわしいときだったのです。

あなたに何かが起こったとき、「そうなるにふさわしかった」と、それについてあなたがわかるのは、桜の場合と同じく、ずっとあとのことです。が、あなたはそれがわかったとき、大いに納得し、感心し、感動し、感謝すらしているものです。

さて、たとえば、あなたが「ああ、もうこの会社を辞めたい」「新しい会社を探したい」「これまでとまったく違う世界で生きたい」「もっといいところに引っ越ししたい」という、〝思いが湧き起こるとき〟も、時の影響です。

また、「もう、この彼と別れたい」「素敵な誰かと出逢いたい」「そろそろ結婚したい」という〝思いが湧き起こる〟のも、時の影響で、まさに、そういうとき、時はあなたに連れていきたい新しい世界を用意しているものです！

〝その時〟がくると、それがあなたの生命の働きという自然の摂理に適ったものであればあるほど、あなたは、その〝湧き起こった思い〟になんら抵抗も躊躇《ちゅうちょ》もなく、また、その思いと理屈で戦うこともなく、スムーズに、〝湧き起こった思い〟に沿って必要な行動に出られるものです。

そして、そうすることで、あなたは、より軽くなれ、前に進みやすくなれ、なんとなくいい予感に満ち、うれしいものです。

それがどんなことであれ、物事に「来るべき時」を迎えると、あなたはそこにある〝心（気持ち）〟に、自分の〝体（行動）〟をうまく合わせながら、前に進むものです。

そのとき、そこには、ある意味「そうする以外、他に良い方法もなかった」というように思えることが多々あるものです。

無理なく自然に変わる

なにがどうあれ物事が転じるとき、
まったく別のものが生まれる

たとえば、あなたに、「もっとこうしたい」「ああしたい」と人生や生き方を変えたいという思いはあるものの、〝時〟のせいではなく、〝エゴ〟や〝理屈〟のせいであるとき、あなたは、その思いと何度も議論したり、戦ったり、堂々めぐりをし、なかなか行動に移れないものです。

そういうときは、まだ、何かを悩む必要があるか、何かが起こるのを待つ必要があるか、もう少し時間を過ぎさせる必要があるのかもしれません。

そうしないと、正しい決断の瞬間は来ず、スムーズな動きがとれず、堂々めぐりをして疲れるだけで、運命が変化しようとする瞬間を自ら壊してしまうことにもなるからです。
時が経過し、本当にその時がきたとしたら、あるとき、ふっと、悩んでいたことが吹っ切れて、すんなり思ったことに対して動けるようになります。そのときこそ、そうする「時」なのです！
そのとき、あなたはその新しい世界に新しい波動で入っていき、そこから新たな人生を生きられるようになっています。

適った「時」つまり、本当に、機が熟して、〝その時〟がきたのか、そうでないのかを見分けるコツは、〝どれほどあなたがその湧きあがった思いに沿って、自然に行動をとれるか〟にあります。

〝その時〟ではないものは、すべて、あなたにとって不自然であり、無理があり、抵抗があります。「でもなぁ」「待てよ」、というのがあります。体も重く、動けません。変化しようとするときにはそういったものが、自分の中にないかどうかよく確かめることが大切です。

そういうことがわかれば、あなたは、適った〝その時〟、ぴったりのタイミングを外すことなく、自然に望む方向へと移行することができます。ナチュラルに移行できるとき、それをサポートする人や物やお金や出来事もナチュラルにあなたの日常に入ってくるものです！

いつでも、あなたがよろこんで「変化」を迎えるとき、そこにあった形式、状態、物事、現象が、躊躇なく完全に転じることができます！

なにかが完全に転じるとき、そこには、前のものは一切姿を残していません。変化するとは、「化成」することであり、それは、まったく別の新しいものになるということです。それゆえ、あなたの人生はガラッと一変し、これまでとは違う世界と次元であなたは生きられるものです。

それによって、新しい真価と進化を得ることになっているわけです。これも自然の摂理の働きによる魂の上昇現象のひとつです。安心して、変化してください。

〝兆し〟をよめる人でいる

目に見えないものは感じ取るしかない！
察知力こそ、チャンスの素

どんなに小さな出来事の中にも、その現象の中には、そこから先の〝運のゆくえ〟や〝物事の吉兆〟を暗示する要素があるものです。そこには、何かしら特定の気配や空気感があります。

それを、〝兆し〟として感じ取ることができれば、あなたは良い流れはそのままに、よくない流れはその時点で食い止められるよう、何らかの手を打つことができます。

〝兆し〟は、ある種のムードを持っていますが、それは、ほんの小さな何かしらの出来事があなたの目の前で実際に起こるずいぶん前の段階から、やってきているものです。しかし、それがキャッチできるのは、〝兆し〟とはそういう「はるか前からあるもの」だと、わかっている人だけです。

たとえば、人間には、ある意味、鈍感なところがあるものです。あたたかい風が吹いてから、「もう、春だね」と言い、桜が咲いてから、「春が来たよね！」とよろこぶのですから。

しかし、本当は、春の兆しは、あたたかい風が吹いたときでも、花が咲いたときでもありません。極寒のとき、そう〝冬の終わり〟には、すでにそこにあるものです。

冬の終わりを告げる合図こそ、春が始まる合図でもあるのです。

「もう、あたたかくなるよ！　春だよ」という兆しは、最も寒いときにあるわけです。

しかし、多くの人々は、寒いから、まだコートを着ています。が、そのときに、コートを着つつも、すっかり春の気分になり、春物の洋服をすでに準備している人、春に行く旅行をプランし、予約している人こそ、〝春の兆し〟をつかまえた人であり、春をスタート時点から、余すところなくすべて満喫できる人なのです！

春に出遅れがちな人、つまり、毎回、春の幸せをめいっぱい満喫できない人は、いつでも、春真っただ中のピーク時か、春の終わりのバーゲン時に、春物の洋服を買うようなことをし、「まぁ、来春にこの洋服を着られたらいいか」などと、ゆうちょうなことを言うのです。今年の〝ハッピーシーズン〟に一歩も二歩も、いや、ずっと何歩も出遅れているとも、人生の貴重な瞬間を損しているともわからずに。

たとえば、仕事の場合の〝兆し〟については、どうでしょうか？　それをみてみましょう。

あなたが何らかの仕事のプロジェクトに取り組むのだとしましょう。そのとき、そのプロジェクトが成功するのか、失敗するのかは、どの時点でわかるでしょうか？

ちなみに、**誰かがミスをしたときに、失敗が決定するのではありません。たとえ、何かミスがあったとしても、それをカバーできる然るべき人たちの働きかけや、必要な対処を惜しみなくやることで、そのミスを挽回して、成功につなげられることもあるからです！**

そうではなく、器ではないいいかげんな上司やリーダー（あるいは、その仕事をするにふさわしい能力を持っていない上司やリーダー）が、指揮することになったとき、危ういわけです。

また、なんとなくやる気のないメンバーがそろったり、簡単な打ち合わせの段階ですら何かをごまかす人がいたりするとき、すでにおかしなことになっているのです。

そのときに、誰かひとりでも、「おや、なんだかメンバーのムードがよくないぞ」「どうも流れが悪いなぁ」「この重い空気はなんだ!?」と、気づけたら、ミスや災いをあらかじめ避けることができます。

成功と失敗の〝兆し〟は、そのプロジェクトをしきる上司やリーダーやトップが着任したときや、そのメンバーでやることが決定したときに、すでにあります。

誰を採用したか、どんな人がそろえられたか、それが重要だったりするわけです。

しかし、まだ何も起きていない時点では、誰も成功と失敗の運命を読めていません。けれども、そのメンバーがどういうあり方をし、どんな物事の運び方をしているのかをみれば、どういう結果になりそうか、わかることが多々あります。

関わっている仕事が危うくなるときやおかしな出来事が起こるときには、必ず人間が関与しています。そこには、必ず「小人」（しょうにん）がいるものです。

「易経」では、大切な場面には決して、「小人を用いてはいけない」というような教えがあります。

小人は、口で言うだけで、決して動きません。誰にでも口先ではうまいことを言いますが、心がありません。問題が起きても他人ごとで、会議で顔色を曇らせて見せる程度に協力するくらいで、実際には何も改善策を打ち出す努力をしないし、人任せで放棄しています。力はないのに、大口をたたき、行動が伴わないことが多く、不誠実なものです。また、偉い人にはぺこぺこするくせ、自分より弱い立場の人にはひどいことを平気でします。

そういう人が、会社のトップになったり、リーダーになったり、上司についたりして、大事なプロジェクトに関わるとき、必ずと言っていいほど、何かしら問題や災難が起こります。

人災ほど怖いものはないと、「易経」は伝えています。というのも、その人が会社を追い込むことにもなりかねず、そうなると致命的だからです。家庭では夫が小人のような人であれば、国が滅ような人であれば家庭崩壊しますし、国ではトップが小人のような人であれば、国が滅びることになるものです。

腐ったみかんに例えて語られることがあります。段ボールに入った新しいみかんの中に、腐ったみかんを一つ入れるだけで、その腐ったみかんの菌が他のぜんぶをダメにしてしまうということです。

腐ったみかんを、段ボールの中に絶対に入れてはいけないし、もし、一つでもそういうものが入っているとわかったら、他のみかんに影響が出ないうちに、素早く外へ出さなくてはなりません。

仕事において、この〝兆し〟を敏感に感じとり、「なんだかこれではまずいから、なんとかしよう」「どうも気になる、関わる人を変えてみよう」「○○をして、流れを良くしよう」「ミスが多いから、気を引き締めよう。みんなにも注意を促そう」「確認を徹底しよう」などと、取るべき対策をとれれば、失敗は未然に防げます。

おかしな流れも食い止められ、うまくいく方向へと軌道修正することもでき、成功するものはちゃんと成功するように導けます。


さて、いつでも、観《み》る目のある人は、〝兆し〟が何を示しているのかに早い段階から気づくものです。〝兆し〟は、見るのではなく、〝観る〟ことでわかります。

これは、観音様が世の中をみるときの〝観る〟でもあります。一切なんら偏見なく、素直に純粋に、まっすぐ、慈愛をこめて、そこにある物事をただ観ることで、「真理」がつかめるのです。


物事の表面を、ただ顔についている二つの目でのみ、見ているだけではダメです。

表面的な事象を見つめつつも、心の奥にしっかりと焦点をあわせることです。そこにある気配や、その出来事から漂う冷たいとかあたたかいとかの温度を体で感じ、物事が流れている方向性、連続的に起こっている出来事をしっかり観てとることです。

そうして、そこにある、〝特徴は、何か?〟をつかむのです。

すると、その〝兆し〟が伝える「物事の正体」がわかります！

どんな現象の中にも、必ず、それなりの、色、景色、音、温度、匂い、動き、リズム、流れ、遅い早いのスピードがあり、それが何かを如実に物語っています。

〝兆し〟は、物事の方向性を示しつつ、あなたにいま何が起きているのか、どうすべきなのかという、そんな大事なことを教えてくれているのです。いつでも、あなた自身と人生を守る、天のつかいとして！

細部をみてとり、全容を知る

はじめは小さく、だんだん大きく！
天は、徐々に「真実」をクローズアップさせる

〝兆し〟は、現象を通してメッセージを伝えてくるわけですが、その現象としてやってきた出来事の中には、必ず、誰かの気になる表情や、言葉やセリフ、態度がありま す。それが何度でも、ちらちらと、自分の中でクローズアップされるものです。

〝兆し〟は、たった一回ではなく、何度もあなたの前に現われては、必要なことを伝えようとしてきます。それゆえ、自分の身に起こっている現象を連続的にみていくと、ひとつのキーワードにたどり着き、重要なメッセージを受け取ることができます。

しかし、〝兆し〟は、そもそも〝かすかな状態〟でしか感じられないものでもあり、

ともすると、「気のせいか」とか、「そんなふうな取り方をしなくてもいいか」と、自分でさえぎってしまうこともあります。

けれども、〝兆し〟をしっかりキャッチするためには、それを気のせいにして、あっさり捨てたり、故意にさえぎったりしないことです。

たとえば、家庭においても、さまざまな〝兆し〟は出ているものです。とにかく、家庭や家族の運気を守り、安泰でいたいというなら、どんなささいなことにも気づける人でいましょう。

ささいな細部をみてとることで、やがて、その全容が明らかになります！

ささいな細部に現われているその〝兆し〟の良し悪しを感じられる人でいれば、そこで、すべき軌道修正ができ、正すべきものを正せます。よろしくない方向に運命が流れていくのを、それ以上悪くならないようにくい止めることもできます。

さて、この〝兆し〟という、ささいなものにしっかり気づける人でいるには、それが、どんな人生の領域のことであれ、その領域の〝ふだんの様子〟をわかっておくことが大切です。

あなたが、家庭内のことや家族のことに関する〝兆し〟に敏感でいるためには、ふだんの家庭のムードや、ふだんの家族の様子をちゃんとわかっておかなくてはなりません。というのも、異常が発見できるのは、通常（正常）を知っていてこそだからです。

たとえば……いつからか、遅く帰宅するようになったご主人は、最近目をあわさないということや、子どもの服装が少しずつ変わってきたこと、生活リズムが乱れてきたこととか。

そんな、ささいなことが家庭崩壊につながっているとは思わず、見過ごしていることが多々あるでしょう。が、〝兆し〟は、誰かの顔色や、生活態度や、行動パターンがおかしくなる、はるか前から出ているものです。

突然、ご主人が目をあわさなくなったのではなく、その前から何か、心が通わないような気配やムードがあったはずなのです。思い起こせば、そういえばあの頃から……というような、気になる何かが。帰りが遅くなるもっと以前の話として、〝兆し〟は出ていたのです。

その、**かすかながらも、いやな気配がするものを見逃し続けてきたことの代償が、のちに災禍となって身にふりかかることもあるわけです。**

いつでも、目に見えないものは、感じ取るしかありません。

しかし、それは、なにも、細かいことを〝勘ぐる〟という故意な態度をとることでも、何かを思い込んでそれを必死で突きとめるということでもありません。

〝兆し〟はいつも、最初は、「ん？」「あれ？」と言うシンプルな予告で始まるものであり、それをキャッチするだけでいいものだからです。

そのうちに、「これって、何？」「なんか、変？」「えっ、ちょっと待って……」と、何か特定のイメージをあなたに感じさせるようになります。

〝兆し〟は、あなたの中で小さな「?」(疑問)になり、そういうことがちらほら続いていることを察知させます。それらをなんとなくつなぎあわせて考えていくと、何らかのものが、ある一定の方向に動いていることに気がつきます。

やがて、「えっ?　……うそ!?」となり、あなたは何かにピンッときて、最終結果としてやってきそうなものを、確信できるのです!

そこには、「そういえば、こういうこと、前にもあった」「そういえば、あの頃から……」「これって、もしかしたら、そういうこと?」と、あなたの中でつながる話があり、想起させられる物語があります。そのとき、ようやく、あなたは、ことの全容をそこで知ることになるのです。まもなく大きな何かが起こるであろう、その前に!

決定的なことが起こる前に、やってきてくれるから、〝兆し〟は、ありがたいものなのです!　そこにある、良いことにも、そうでないことにも、必ず、重要なメッセージと真実があるものです。

たとえば、〝兆し〟が、何かよくないことを暗示しているとき、あなたは、「ん？」「あれ？」が、ひとつかふたつあっただけで、言い知れぬ不安を感じたり、いやな虫の知らせが走るものです。

逆に、それが良いもののときは、「えっ？」「うそ？」と、感じたと同時に、瞬間的にときめき、わくわくします。「なんだかいい気配♪」と続きます。そして、「きゃ、うれしい♪」「奇跡だ♪」という言葉が漏れるもの。そのあと、大きな幸運の流れとともに、素晴らしい出来事が真実となって、この現実に起こります！

〝兆し〟は、最初それがあったときから、何度かくりかえし発せられ、そのつど、あなたにゆっくりメッセージを送ってきます。

そのささいな〝兆し〟をキャッチして、そこからどうなっていくのか、どんな出来事がやってきているのかをよくみることです。すると、いま、自分の人生に何が起こっているのかがわかり、どうするのが最善なのかを、考えることができます。

賢い思考と選択と行為によって、そこから、より幸せになるチャンスを手にすることができるわけです。

〝兆し〟は、大自然からの贈り物なだけに、それは、いつも、あなたに最初、小さくささやくように何かを伝えてきます。あなたが驚かないようにと、優しい配慮をするかのように。そして、〝次の兆し〟までの心構えをさせてくれます。

次の〝兆し〟は、最初のものよりもう少しはっきりと何かをわからせてくれます。トントンと肩をたたき、「ほら、あのさぁ。これ」と。次には、もっとはっきり、どんどんときて、「ねぇ、わかるでしょ！」と。そして、より大きくなって、「ほら、えらいことになっているんだよ！」と、大声ではっきりと告げてくるわけです。

大自然は、その流れを通して、たいがい、あなたにこう言っているものです。

「ねぇ、お願い、どうか気づいて。でも、落ち着いて！　突然びっくりさせるつもりはないわ。でも、知っておくべきことがあるの。あなたを守ってあげるわ。だから、しっかり対処してね。ことが小さいうちに、早めにそっと教えているのだから。いまなら、なんとでもできるわ。さぁ、心の準備はいい、真実を話すわよ！　しっかり受け止めて！」と。

どんな〝兆し〟をつかもうと、どうか、安心してください。いかようにも、天はあなたを守り、救い、より良い状態へと導いてくれますから！

大自然が、天が、最初のうち、小さく〝兆し〟をよこして、あなたに心の準備をさせ、対処法を考える時間をくれるやり方は、いつでも愛でしかありません！

というのも、〝兆し〟は、それをさかのぼって、あなたに何かを考えさせ、発見させ、改善させるだけの、それなりの「教訓」をも持っているからです。

本物は、流行に左右されない

そのときどきで適ったことをすれば、
廃れることなく、一生残る！

あなた自身を世に出すときや、あなたの企画や仕事や、なんらかのプロジェクトをすすめるときに大切なことは、容易に、流行に合わせないということです。というのも、〝流行〟は、やがて、〝廃《すた》れる〟ものだからです。

もちろん、流行のものを通して得たヒントに、新しいアイデアと概念でこれまでになかったものを生み出し、時代に流されることのない価値あるものや、本質的に良いものを生み出すことは素晴らしいことです。

けれども、あなたが自分自身の存在や、自分の企画や仕事を通して、第一線で長く活躍したいのであったり、確固たる地位を築き、不動の人気を得て、本物と呼ばれたいなら、目先の流行を追ってはいけないのです。

一見、流行のものに乗っておくと、得するような気がするものです。流行というのは、そのとき、最も注目を集めるものであり、話題にもなりやすいからです。が、その流行を支えている大衆は、気が多く、対象を変えやすいものです。飽きたら、ポイッとそれを捨て、すぐに別の流行を追い求めます。

「易経」には、移り気で、流されやすいものに、自分自身のあり方や活動のしかたや、一生続けたい仕事を、合わせるものではない、という教えもあります。

流行に乗ると、それが流行しているときは一緒にその波乗りを楽しめますが、その波が沈んだら、一緒に落ちなくてはならないからです。

あなたは落ちるために自分を存在させたり、その仕事をするのではなく、また、世の中の波に翻弄《ほんろう》されるためにそこにいるのでもありません。自分を確立し、仕事を本物にし、尽きぬ豊かさを享受し、長く幸せでいる必要があるのです。

たとえば、何かが爆発的に流行って皆が飛びついているとき、そのときがピークです。ピークのときに、真似して追って何か同じようなことをやったとしても、そのあとすぐに、その時代は完全に終わります。

賢い人は、何かがピークになっているときに、物事の移り変わりの様子をじっとながめ、空気の変わり目に敏感でいるものです。そのブームのあとに湧くであろう必然的な人の感情や心理やニーズを読み取りつつ、次にくるものを予想しているものです。

そうやって、そのときどきに応じて人が次に求めるであろう、必要なもの、価値あるもの、良いものを、時代という時の流れの中に、タイミングよく提供しています。

たとえば、塩ラーメンを食べたら、次に、甘いアイスコーヒーを飲みたくなるのと同じで、その塩ラーメンのあとに何がくるのか、人の欲求や、気持ちの変わり方や、必要性を見極められる人が、つねに時代をリードするのです。

流行に合わせるのではなく、〝時に適ったこと〟をすることを「時中《じちゅう》」に乗るといいます。時中は、まさにその時にすべきことをするという意味あいを持つ言葉です。そのときどきで、適ったことをしている人が、本物の仕事をしていることになり、そういう人を時代は高次元に引き上げ、ロングランで存在させるということです。

うまくいっている人は、いつも流行という「時流」になど乗らず、適ったときに適ったことをする「時中」に乗って動いていると、「易経」は説いています。

たとえば、本でも、一冊何かが流行ると「いま、これが流行っているので、先生にもぜひこれと同じようなものを書いてほしいのです！」と、求めてくる編集者がいます。

こちらが、「それをいまつくっても、本ができる時期には、すでにブームは終わっていますよ」と言っても、目先のことにだけとらわれている人は、それがわからないのです。

しかし、人が流行に乗りたがるのも無理はありません。一度でも、高い幸運の波を見た人は、その魅力にとりつかれるからです！

いまがブームのピークなら、もうそれ以上、高い波は来ません。ここでも、「〝陰〟極まれば、〝陽〟になる」の不変の法則が働いています。勢いがピークにきたのなら、あとは、落ちるのみです。次に高い波を起こすのは、もう、まったく別のものです！

晴れの日に、「今日のお日様は、かんかん照りだね！」といっても、太陽が14時の南中にあれば、太陽は、もうそれ以上は昇りません。いや、昇れません。もう、上がりきったからです。それゆえ、そのあと、そこから徐々に落ちて、夕暮れになり、夜に入っていくわけです。

太陽は自身の働きを通して、南中した「陽」のピーク時と、完全に沈みきった「陰」のピーク時に、〝運気の分かれ目〟があることを教えてくれています。そして、その運気を読めればこそ、次に続く必要な準備を淡々としているのです。

そこには流行・廃りなどなく「本質的なこと」があるだけです。「本質的なこと」はいつも、時中（適ったとき）にあり、それこそが万物（人間と、人間の生き方）をも、最善、最良、最高に育み、伸ばすものだとしています。

良いものは、時代が移り変わっても、どっしりと安定したムードで、ただそこに存在しているものです。

さて、ダメなことをダメだというだけが「易経」ではありません。

「易経」は、流行り廃りを抜け出して活躍する人になるための方法として、次のように教えてくれてもいます。

「最も良いのは、自らが時代をつくり、かつ、それが世に広まることです。それを誰かが追ってきたら、そこから一抜けた！　をし、また新たに時代をつくれる人でいること」だと。

さて、それでも、やたらと流行に乗りたがる人がいます。それは、どういう人でしょうか？

ズバリ！　困っている人です。自分の出し方や、仕事のしかたを持てず、まわりのことばかり気にして生きている人です。自分のものを見る目を持てないでいる人です。

流行には、なにかと〝おいしい話〟がつきものですから、つい、計算が入り、儲け話ほど、流行にも乗りやすいものです。それが、結局、自分自身の活動や運の命を短くしてしまうことになるとも知らずに。

第4章

順風満帆を叶える☆
生き方の智慧

一生安泰でいるために、
大切にしておきたいこと

先が見えないときは、「水」に習う

自分に力がないときは、悪あがきをやめ、いっそ流れに身をまかす

この人生には、どんなにがんばってみても何も報われないときや、次から次へと問題や面倒なことが襲ってくるとき、厳しい状況が続くばかりというときがあるものです。前に進もうとしても、障害が現われ、自分一人ではどうすることもできないという途方に暮れるときが。

そんな〝うまくいかないとき〟には、「水」の生き方に習うことだと、「易経」のもとである「易」は説いています。「水」は、どんな器に入れられても、そこでありのままの自分を生かすことができる、素晴らしい〝環境適応能力〟を持っているからです。

たとえば、水は、最初、小さな一滴から始まり、やがて大海に出ます。しかし、大海に出るまでには、長い長い川を、気の遠くなるような時間をかけて通らなくてはなりません。

川には、岩や石ころや、木の根っこや草木がはびこり、泥が積もり、なにかと流れを遮《さえぎ》られたり、止められたりもします。

けれども、水は、いったん大海めざして流れたならば、途中どんなに、急な流れがあろうが、川幅が狭まろうが、岩にぶつかろうが、木にひっかかろうが、土に阻《はば》まれようが、ひたすら進むだけです。

水が前に進むことができるのは、川の〝流れ〟の力を借りることができるからです。大きなものに自分をゆだねることで、無力な自分をも前に進ませることができるわけです。

しかし、その〝流れ〟は、いつも優しいとは限りません。おだやかに悠々といい具合に流れているかと思えば、遅くなったり、速くなったり、突然、激流になったりすることもあります。それでも、〝水〟は、その流れに身をまかせ続け、ひたすら前へと進むのです。

そんな「水」は、いったい私たちに何を教えてくれているのでしょうか？　どんな生き方を習わせてくれるというのでしょうか？

それは、**どんなに厳しい環境の中にいても、決して生きる道がないと嘆かないこと、自分を見失わないこと、どんな場面にあってもつねに冷静に物事をみつめること、その大切さを教えてくれているのです。また、そのとき自分が無力であるならば、いっそ、大いなるものにすべてをゆだね、むずかしいことを考えずに淡々と進むがいいという、生き方です。**

では、いったい、「水」は、なぜそんなことができるのでしょうか？

それは、「いまは辛く厳しい状況の中にあっても、きっと、めざす場所にたどり着ける！」「ここを越えれば、あとは良くなるに違いない！」と、信じていられるからです。「そもそも自分は水なのだから、たとえ、最初は一滴の小さな存在であっても、やがて、大海そのものになれるはず！」と、わかっているからです！

それゆえ、最初の自分の存在の小ささなど気にせず、途中経過の厳しさを乗り越えられるわけです。

そうあるからこそ、やがて報われる日を迎えられるのです！

さて、もし、自分が何をやっても〝うまくいかないとき〟は、この「水」のように、いったんその状況を素直に受け入れることが大切です。悪あがきをやめ、無駄な抵抗と反発を捨て、サレンダー（降参）するのです。

もはや無力であり、何をしても裏目に出るだけだというのなら、そんなときは、へんに自分の力を使わず、頑なに自分の考えや、やり方にこだわらず、いっそ、自分の前を悠々と進む〝うまくいっている人〟に、素直に教えを乞い、ついていってみることです。そのときそこにある天のやり方と流れにゆだねてみることです。

そうすれば、〝うまくいっている人〟のいい運気と流れに乗れ、自分もそこからスイスイ進むことができ、素早く「いい流れ」を取り戻すことができます！

うまくいかないとき、とかく人は、不安になって、その状況や流れに抵抗し、何かと逆らおうとするものです。が、そうすることでかえって深みにはまり、溺れてしまいます。

けれども、うまくいっている人に先導してもらえば、なにかと見よう見まねでできることもあり、教わることもあり、途中で必要な気づきや成長もできるわけです。

そうするうちに、時は流れ、厳しい流れも終わり、おだやかな運の流れに出逢えるようになるのです。

困難なときは、「水」のように生きてみてください。すべてを受け入れサレンダー（降参）するとき、救助は思った以上に早くやってきます！　そのとき、運命は、あなたのために、この人生に素晴らしい奇跡の流れを起こしてくれます！

スランプを抜け出す

あなたの偉大さは、勝利や敗北に関係なく
〝存在そのもの〟にある

どんなに好きなことを仕事にしていても、どれほど愛する道を進んでいたとしても、長くその世界にいれば、ときには、「スランプの時期」を経験することがあるものです。

スランプのとき、それまで自分がうまくやれていたことが、なぜか前のようにはうまくやれなくなるものです。持っている力を発揮できず、がんばるものの良い成果が出ません。そのうち、自分のやり方が正しいのかどうか、自分のやっていることが本当にこれでいいのかどうか、わからなくなるものです。

いったい、そのとき、何が起こっているのでしょうか？　どんな原因が潜んでいるのでしょうか？

スランプに陥る原因は、〝プレッシャー〟です。
そのプレッシャーに、自分は応えられないのではないかと不安に思い、失敗したらどうしようと恐怖を抱き、萎縮してしまっているわけです。そのせいで、本領発揮できなくなってしまうわけです。

自分の道を愛している人、真面目な人、仕事がよくできる人、トップにいる人、活躍度が大きい人、自分のことよりも他者を気にかけて生きる人ほど、自己の目標設定が高く、まわりからも期待が寄せられやすく、何かと注目されがちです。それゆえ、過度のプレッシャーがかかり、大きなストレスを抱えているものです。

とはいうものの、誰であっても、自分のかかわるものを良いものにしたいというときには、大なり小なり、プレッシャーを感じたりするものです。
そのプレッシャーのせいで、緊張して、少々何かをしくじったりすることもあるものです。しかし、たいがいは「まぁ、また次にがんばるとするか」と、すればいいだけだったりします。プレッシャーが自分をスランプに連れて行くこともないものです。

しかし、スランプに陥るという場合は、そういうものではありません。

大きなプレッシャーやストレスがある中でも、何とかそれをはねのけ、やるだけやったにもかかわらず、「うまくいかなかった」というようなことが、何度も何度も続くときや、出る結果がどんどん悪くなっていくように感じるときが危ないのです。

すると人は、そんな自分を責めはじめ、自信喪失し、もう誰の期待にも応えられないと落ち込み、傷つき、「もう、ダメだ」と思い込んでしまい、スランプに陥るのです。

プレッシャーやストレスがある中でも、良い成果を出そう、まわりの期待に応えよう、もっと人さまによろこんでもらおうと、必要な努力を惜しみなくやったとしても、すべての結果が思うものになるとは限りません。最善を尽くしたからといって、最高の結果を手にできるとは限らないわけです。

そのとき、ダメージを受けるのです。失敗した、負けたと感じ、ひどく自分を責め、過小評価することで。

そんな中、自分が一番気にしている人や、重要な人から、ネガティブな言葉をかけられ、傷つくような形で批判されると、一気に「スランプ」の極致へ引きずりこまれることになるわけです。

「スランプ」に陥ると、人は、自分に素晴らしい力や才能や能力があることをすっかり忘れてしまいます。元の元気な自分を思い出せなくなるのです。

まだまだやれることがあり、活躍の場もたくさんあるのに、それがまったく見えなくなってしまうのです。不安とあせり、恐怖と絶望に襲われ、すべてがダメになったかのように錯覚して。

まわりの人の言動や評価ばかりが気になり、他者の活躍にばかり目がいくようになり、他の人のすごい結果と自分のふがいなさを比べては、自己嫌悪に陥り、「もう、自分は終わった」としてしまうのです。

そして、「自分はもう何の役にも立たない」「自分には才能がない」「こんな自分になど、もう価値はない」「自分が諸悪の根源で、みんなに迷惑をかけている」「こんな自分など、死んだほうがましだ」と、ネガティブスパイラルに巻き込まれてしまうわけです。

けれども、そうではありません！ スランプに陥っていたとしても、そんないまも、まさに、あなたは価値ある人で、素晴らしい存在です！ あなたの中にはなんでもやれる偉大な力がちゃんとあり、変わりない晴らしい個性と才能がちゃんとあるのです！

実は、スランプのとき、〝調子が悪い〟と本人がただそう思い込んでいるだけで、はたから見るとそうでもないことだってあるのです。何か特別目立つような悪いことや、失態や、困った出来事は、起きていないような場合もあるくらいです。

「スランプ」の何よりも怖いところは、〝自分の心の中〟から、始まるということです！

自信をなくし、自分を〝ダメな人間だ〟と決めつけ、なにかにつけ悪い方へ悪い方へと自分を追い込み、やがて、生きる気力を失うことが怖いのです。

そうなると、人は、「立ち上がり方」をも、忘れてしまいます！

いいですか！　一時的にスランプになったとしても、あなたは何もダメになど、なっていません！　元の、ありのままで輝く素晴らしい存在に戻るために、自分を癒し、再び立ち上がるべきなのです！

しかし、どうやって、人はスランプから立ち上がればいいのでしょうか？
それについて、次の項で大切なことをお伝えしましょう。

〝つながり〟を取り戻す

大切なものをつなぎ直す！
すると、すぐさま奇跡が起こる

人が、スランプや低迷している状態や死んだような状態から、再び立ち上がり、もう一度蘇り、ゆるぎない自己を築くには、「つながり」を取り戻すことです。

「易経」のもとである「易」の艮《ごん》の象意は、より良い変化を示すもので、起死回生（死んでいたものが蘇る）のためには、心を切りかえ、運を切りかえ、自分にとっての大切な領域と、〝つながる〟ことが重要だと伝えています。

人生がうまくいかないときというのは、たいがい、その人が、自分にとっての大切な相手や領域や世界と、つながりを途絶えさせてしまっているものです。

けれども、ひとたびそことつながるだけで、人は、再び失った自分自身とつながれ、正しい自分の道とつながれ、新しい運気とつながれ、より良い人生とつながっていけるのです。

その自分にとっての大切な相手や領域や世界とつながるためには、まずは、自分を責めたり、過小評価したりするのをやめることです。

そうして、たったひとこと、自分にこう言ってあげてください。「よくやった」と。同時に、自分の両手を胸の前で交差させ、そのまま後ろにまわして、自分の手で、しっかり自分を抱きしめ、こうも告げるのです。「愛している。認めているよ」と。

それだけで、あなたは、自分にとって最も大切な相手であり、最もかけがえのない存在である〝自分自身〟（自分の心と体と魂）に、つながれます！

あなたが自分の心とつながれた瞬間、あなたの体もあなたの思いに沿うがごとく動くようになり、あなたの魂は、もう一度、あなたのために輝くようになります。

自分自身とつながり、ありのままを受け入れ、認めるとき、いつでも奇跡が起こります！

よくここまで来ましたね。あなたは、本当によくやりました。誰よりも、がんばりました。人知れず、努力もしたし、辛さを隠して、一生懸命に前に進んできたのです。そんなけなげで、勇敢な自分を、いまここで褒めずして、いったいどこで、褒めるというのでしょうか!?

いいですか、自分がうまくいっているとき、いちいち自分で自分を褒める必要はありません。なぜなら、まわりが勝手にいくらでも褒めてくれるし、認めてくれるし、ちやほやするからです。

けれども、スランプにはまり、低迷し、落ちていく人を見るとき、他人はその人をすぐに批判し、悪く言い、さっさと離れ、見捨てるものです。

そんなときこそ、自分だけは自分のみかたになり、最後の最後まで支える必要があるのです。

いちばん辛い状況のときにこそ、自分に「よくやった」と褒めてあげるからこそ、立ち上がるきっかけを持てるのです！　一陽再来のチャンスに出逢えるのです！　つまり、再び、あなたの人生に明るい光が射しこむときがくるわけです！

また、自分自身とだけでなく、わかりあえる友や、大切なことを語れる誰かや、黙って見守ってくれた人に、会うことで、話すことで、メールを送ることで、電話をかけることで、つながってください。

心が癒される場所に、元気になれる場所に、自分の輝きを思い出せる場所に、よろこんで駆けていき、その場所とつながってください。

自分が好きな世界に、わくわくする世界に、希望が見える世界に、可能性を感じる場所に、一歩踏み出し、つながってください。

そうやって、あなたがつながるべきところとつながり、立ち上がり、「スランプ」から抜けると、それを感知したかのように、新しい人や、うれしい出来事や、素晴らしい世界や、幸せな奇跡が、日常に訪れます！

そのとき、あなたは、自分らしく輝き、ありのままでいられ、次のステージにすんなり進み、みちがえるような活躍をしているものです！

生きることに疲れたら、自然にかえる

ビルの谷間で悩んでおらず、
おおいなる大地に抱かれてみる

「易経」の教えの特徴は、生き方や人生の教訓が〝大自然〟の中に多くあるということです。生きるのが辛いとき、深く傷ついたとき、癒される必要があるときには、〝大自然に戻る〟ことをしてみてください。

都会のごみごみしたビルの谷間で悩んでいても、何かとまわりのことが気になり、自分を思いやり、ケアするのもむずかしいものです。

もしも生きることに疲れたときは、積極的に自然の中に身を置くことです。

都会を離れ、ゆったりと時間が流れる田舎へでも出向き、花や緑にふれ、海のそばに行き、美しい青空とまぶしい太陽の下を歩いてください。優しい月をながめ、ひととき何も考えず、からっぽになり、自分を解放するのです。
大自然と向き合うと、自分の悩みがなんとちっぽけなものかと思い知らされます。その雄大さに、やがて人は、何も心配しなくても、時はめぐり、必要な変化を起こし、再び蘇れるとわかったりもします。

大自然は人をただただ大いなる愛で受け入れ、その無限のエネルギーで包み込んでくれます。その無条件に与えられるパワーによって自動的にヒーリングが起こり、痛みや辛さや恐れがいつしか消えていくのです。癒されると同時に、人は回復しはじめています。

人が前に進めなくなり、生きづらくなるのは、癒されないものを抱えすぎているからです。しかし、人は癒されると、またかんたんに前に進めます。癒やしは、内側から生命力を生み出せるからです。
生命力を得た人は、もとの元気な自分に戻れ、ポジティブ思考で希望に向かえるようになります。そうしてそのうち、願いや夢も叶えていけるようにもなるのです。

逆にいうと、人は、癒されるまで、どうあがいても決して前には進めないということです。

大自然の中に身を置き、すべてをゆだねるとき、人は、どこからくるともわからない、なんともいえないあたたかさと、大きな安らぎに包まれるものです。おおいなるものに〝守られている〟と魂で感じられるものです。それは、私たち人間も、そもそもは大自然の一部だからかもしれません。

自然との一体感（つながり）を、取り戻した瞬間、人は完全に救われます。救われるというとき、何もスーパーマンのような人が現われて、特別な何かをしてくれるということではありません。

自分自身が「ありのままの自分で、このままの自分で、生きていけばいいんだ」と、認め、受け入れ、自分を支えようとするとき、本当の意味で救われるのです！

大自然は生きることが疲れた人に、いつもこう語りかけているものです。

「他者と自分を比べる必要はありません」

「辛いのは、他の誰かのようになろうとするからです」

「あなたがあなたでいるだけで、すべてがうまくいくのです」

と。


そして、「生きるのが困難に思うのは、しなくてもいいことをして生きようとするからです」と。だから、ありのままの自分を愛し、認め、自分にもっとナチュラルに過ごすことが大切なのです。

有頂天にならず、絶望せず

謙虚さを持って淡々といくだけで〝いいとき〟は長く続く

この人生では、よろこびと悲しみの扱い方を正しく覚えると、自分自身や人生がずいぶんおだやかになり、生きやすくなるものです。

その**基本は、〝よろこびは、長く内にとどめ〟〝悲しみは、早く外に出す〟ことです。**

よろこびの感情は、人前でむやみにあらわにするのではなく、自分のお腹（丹田）にいったん抱え、よくあじわい、あたため、ふくらませることです。

「よし！　いいことが起こり始めたぞ♪」「運がまわってきた！」「神様、ありがとう！　うれしいです！　幸せです」と。

そうやって、ひとり、心の中でよくかみしめ、より一層大きくふくらませ、そのよろこびのエネルギーを心の奥から、下腹（丹田）に送り込むようにするのです。すると、次にもっとよろこばしい出来事が、素早く訪れます！

また、下腹（丹田）でよろこぶことで、〝丹田〟に〝気〟が入り、地に足がついた状態となり、安定し、運気が守られやすくなります！

下腹（丹田）に気が入ると、パワーのある人となります。どんなときでも、ゆったりと落ち着き、堂々としていられます。丹田に〝気〟がしっかりすわっている人は、少々何かあってもうろたえないし、へこたれません。〝不動の人〟でいるものです！自然に運も強くなります！

たとえば、この世の中には、良いことやうれしいことや誉れなことがあると、すぐに、「ねぇ、ねぇ、聞いて！　こんなにうれしいことがあったの！」「ほら、これって、すごいでしょ！」と、有頂天になって、まわりの人たちに自慢げに言いふらす人がいるものです。

しかし、これでは、自分と人生をここから引き上げるためにやってきたそのよろこばしい出来事の良質なエネルギーが、〝だだ漏れ〟になり、大切なパワーを失うことになります。

有頂天になると、頭に〝気〟がのぼってしまいます。足元の〝気〟が失われます。気が上にのぼってしまうと、人は不安定になり、足元がすくわれ、転びやすくなるものです。つまり、有頂天になっている人は、人生につまずきやすいということでもあるからこそ、注意したいのです。

たとえば、自分にうれしいことがあるとき、もしかしたら、まわりには人知れず何か辛いものを抱えている人や、傷や痛みを抱えている人もいるかもしれません。また、人のよろこびごとに嫉妬して、足を引っ張ろうとする人や、人のよろこびを逆恨みする人もいるかもしれません。「あいつだけ、いい目にあうなんて」と。

それゆえ、よろこびごとは、人に大きくふれまわらずとも、自分が満足していればそれでいいのです。もし、誰かに何かそのよろこびごとについて聞かれたら「ええ、ありがとうございます。おかげさまで」と、謙虚に徹することです。

「易経」は、「おかげさまで」と謙虚にふるまう人を〝賢者〟としています。

これは、なにも、いいことがあったら、人に言うな！　という、けちくさい考えとは違います。もちろん、あなたがそれを伝えたい人には伝えてもいいのです。

あなたの家族や、親しい人や、大切な人で、あなたのことをよく理解し、好意的に思っていて、あなたのよろこびをわが事のようによろこんでくれる人になら！

そういう人となら、共によろこびをわかち合い、エネルギーも倍加し、高め合うことができるからです。

さて、次に、悲しみの扱いについて、お伝えしましょう。

悲しみは、内にためずに、できるだけ早く外に出すのが理想的です。内にためるのがよくないのは、そこでますます悲しみが大きくなり、あなたの心をすっかり占領してしまうからです。悲しみのエネルギーが大きくなると、あなたの中が重くなり、その重たいエネルギーのせいで、いつまでたっても人生が沈んだままで、浮上しにくくなるからです。

人生が沈んだ中にあるとき、とにかく、軽くなれるようにすることが大切なのです！

とはいうものの、悲しいときに、早く立ち直りたいからと、その悲しみをただまぎらわすようなことをしてはいけません。最も早く立ち直るためには、一度、その悲しみをしっかり受け止め、泣いて涙にでもして、外に流すことです。そのとき、本気で悲しみとつきあってください。おえつを漏らし、夜通し泣いてもかまいません！

充分泣きあかしたあとは、つとめて明るい顔、明るい言葉を使うようにし、沈んでいる暇などないかのようにしてみてください。

それは、できるとかできないという問題ではなく、そうしてみようと〝試す〟ことに意味があります。

どんな場合も、深刻ぶってはいけません。深刻ぶるとますます問題がひどく、自分のエネルギーも重くなり、人生が沈み込むだけだからです。

賢者の一日を過ごす

わずかな時間でも自分を高めようとする人に、
優しく人生は報いてくれる！

自分を磨き高める努力を、ほんの少ない時間の中にも見出す人は、賢者の生き方をしている人です。

たとえば、夜ベッドに入ってから、枕もとに置いた本を眠るまでの少しの間、読んでみることもそうです。自分の叶えたいことや、志すものについて、閃《ひらめ》いたものをノートに書きとめることもそうです。たとえ、この30分だけでもと、興味あることを学ぼうとすることもそうです。そういうことをするささやかな時間が、のちの人生で大きな宝物を受け取る瞬間へと続いていくのです。自分の心や感性や能力を養い高めることは、その気があれば、いくらでもできるものです。

働いて帰ってきて疲れているから、何もする時間がないという人は多いものですが、賢者はすきま時間をみつけて、よろこんで何かをしようとするものです。そうすることと自体が楽しいからです。満たされるからです。

自分を賢く養い育てるとき、何かをする場合の時間が長いか短いかは関係ありません。「ほんの少しでも、やっておこう」とする気持ちと行為が、あるかどうかです。

賢者は、ほんの少しの陰の努力や、善行を、惜しみませんし、貴重なチャンスにするものです。そうやって、少しずつ自らを高め、力をつけ、感性を磨き、魂を引き上げます。

ところが、これとは逆に、愚かな人は（『易経』がそうたとえる人は）、「こんなちょっとくらい何かをしても、何の足しにもならない」「時間がないのだから、たいしたことはできない」と文句を言うだけで、今の自分に必要とあっても、何もしないものです。

貯金ひとつにしても、賢者は「ありがたみ」を持って、ほんの少しでも、蓄えようとするものです。愚者は、「これっぽっち貯めたところで、どうなるというのだ」と、結局、すべて使い果たすのです。また、愚者は、そういう考えですから、たとえば悪いことをするときにもそういう考えに至ります。「こんな小さなことなのだから、見逃されてもいいだろう」「こんなささいなことは、悪いことのうちには入らないだろう」。そういう解釈のもと、平気で悪いことをし、ちょこちょこ重ねるものです。

賢者は、大きな悪事を働くのは悪くて、小さいならいいとは考えません。事の大小にかかわらず、それが悪いことだと思うなら、絶対しないということです。

賢者と愚者は、物の考え方や、行い、一日の過ごし方ひとつをとっても、真逆です。それゆえ、結局、受け取る結果も真逆なのです。

日頃の自分のあり方が積み重なって、この人生を築いていています。そうして、そのあり方にみあった報いがくるだけです。良いことを積み重ねれば、良い人生が現われ、悪いことを重ねれば、悪い人生が現われるしかなくなります。

この日常で積み重ねることの良し悪しで、幸運に報いられるのか、そうでないのかが決まるということを思いやれたなら、誰もが賢者の生き方のできる人となれるでしょう。

同じ時は、二度と来ない！

その瞬間を大切にしなさい。
ふりむかず、ただ前に進む

「易経」では、時は変化し続け、物事もさまざまに移ろい変わり進んでいくものだと伝えています。時はくり返しやってきますが、どの場面ひとつとして同じものはありません。

昨日の一日と今日の一日、同じように仕事をして、家に帰って来ただけだとしても、自分の気持ちが違えば、見ている景色も変わりますし、風のにおいも、ご飯の味も、違うものです。

同じ相手と毎日一緒にいたとしても、こちらの心が幸せならば、良い態度でいられるものを、こちらが落ち込んでいるというだけで、おかしな態度になることもあります。相手の何気ない言葉が痛く胸に刺さる日もあれば、何とも思わない日もあります。

失恋ひとつをとっても、10年前に失恋したのと、今月失恋したのとでは、同じシチュエーションの中にいても、感じる痛みや大きさはまるで違うものです。10年前の胸の痛みと、今度の痛みは、衝撃も違えば、そのあとの自分の立ち直り方も、進み方も違うものです。

何か問題がやってきたときも、以前乗り越えたときのものと、いま経験するものは、まったく同じではなく、あのときの自分に与えられた課題と、今の自分に与えられた課題は別のものであったりします。似たような出来事が起こったとしても、自分の成長度合いや、置かれている環境によって、取り組み方や、そのあとの展開もまったく違ってきます。

あの時と同じように見えて、あの時と同じものなどひとつもありません。あの時と同じ春はもうなく、新しい春が来るだけです。

今日、会えた人が、来年また会えるとは限りません。いまだけしか会えない人がいて、いまだけしか行けない場所があって、いまだけしかできないことがあります。

だからこそ、いまここにいる自分を愛し、いま目の前にいる相手を愛し、いまここにいてできることをし、いまを精一杯生きることが大切だと、〝時〟は告げているのです。

時は、あなたにそれを、瞬間、瞬間に、伝えてきますが、あなたにそれを感じる心がないと、ただただ流れ去ってしまいます。

時がくれる人生の教訓とは、「同じ時は二度と来ない」そして、「時は立ち止まり、待ってくれることはない」ということです。

それが意味しているのは、「だからこそ、その瞬間を大切にしなさい」「いまを祝福しなさい」「そうして、過去をふりむかずに、ただただ前に進みなさい」ということです。

いつまでも何かにこだわったままでおらず、悩んでおらず、泣いておらず、悔いておらず、いま目の前にあるまっさらな時の扉をあけるのです！　そうすることでこそ、あなたの運命は、新しく生まれ変わることができるのです！

花のように、鳥のように、朝日のように

最も尊い生き方とは!?
空《そら》が教えてくれた万人に通じる素敵なお話

若い頃、人は、「なんのために生きているのか」と、思い悩むことが多いものです。けれども、成人しても年老いても、なお「これからどうすればいいのか」と、途方に暮れることはあるものです。

そんなとき、あなたに伝えたい物語があります。それは、作者不詳で伝わるもので、大自然の摂理そのものです。まるで「易経」を知っている人が書いたかのような内容で、ある日、途方にくれた人生の中でそれを見つけた私は、すっかり魂が蘇《よみがえ》ったものです。

これはずいぶん昔に出逢った物語ですので、一言一句詳しくは書けませんが、ここ

ではそれを思い起こしつつ、いまの私の言葉でお伝えしましょう。

生きるのが辛いときには、どうかこの物語を思い出してください。きっと、あのとき、私が蘇ったように、あなたの中にも生きる力が湧いてくることでしょう。

★『生きるということ☆その素晴らしき教訓』　作者不詳の物語より

ある日の晴れた午後、森の中で小鳥たちがうるさくおしゃべりをしていました。そのとき、一匹の小鳥がこう話を切り出しました。

「ねえ、生きるって、どういうことだと思う？」

聞かれた小鳥は言いました。

「そうね。こうして、ピーチク、パーチク、お話をしたり、歌ったりする、楽しいものなんじゃない♪」

そのとき、ミツバチが飛んできて言いました。

「生きるっていうのは、花から花へと蜜を吸う、甘〜い、甘〜い、こういう生活を言うのさ」

そこへ、パーティー帰りの可愛いレディが、通りがかりました。

「あら、何を言っているの!?　生きるって、こうして私のようにきれいに着飾って、パーティーをして、毎日ハッピーにはしゃいで暮らすことよ♪」

次に、酔っぱらいが現われ、こう言い放ちました。

「なにをくだらないことを！　俺の人生にはいいことなんて何もない。こんな人生、ろくなものじゃねぇ。生きるというのは、辛いことさ。こうして、酒を飲んで、気を紛らわして、ぐでんぐでんになるしかないものさ」

するると、突然、激しい稲妻が落ちました。

「生きるって、怒りたいことばかりだよ！　まったく！」

小鳥は途方に暮れてしまいました。「いったい誰の言うことが正しいの？」と。

そのうち、みんなが騒ぎ出し、口論を始めました。俺が正しい！　私が正しい！と。もう、収拾がつかないほどに。

小鳥は困り果て、泣きそうになりました。「どうすればいいの？」。

しかし、もう一度、誰か別の相手に聞いてみたいと思いました。真実を知りたい！ と。

「ねぇ、青空さん、生きるって、どういうことなの？ 誰が正しいの？ 本当のことを教えて！ あなたなら、わかるでしょ？」

それまで黙ってみんなを見ていた青空は、優しく、おだやかな声でこう言いました。

「生きるとは、毎朝、太陽が昇ることよ。そのたびに、新しい一日を迎えること！ それが生きるということではないかしら？ それ以外に、どんな素晴らしいことがあるかしら？」

それを聞くと、みんなは静まりました。お互いの顔を見て、うなずきあいました。

そうして、何か〝いいもの〟を心に得たのか、みんなはそれぞれの場所へと、よろこばしく向かっていきました。

私たちは生きているのではなく、大自然とともに〝生かされている〟のであり、〝生かされている〟こと自体が、無条件に尊いことだと、「易経」はそれ全体を通して、伝えています。その天の愛の大きさを思うとき、泣けてさえくることがあるものです。というのも、天は私たち人間に何かを教えたい、伝えたいとするとき、まず自らの身をもってするからです。

太陽は昇り、沈み、それを長い長い歴史の中で繰り返しています。ときには雨で出番を失うことがあっても文句も言わず、じっとこらえ、すべきことを淡々としています。その姿は、とてもシンプルです。でも、だからこそ、すべての尊さをそこに含んでいるのかもしれません。

感謝をこめたあとがき

すべてのことには意味がある

――あなたには必要なことしか起こらない！　よくなるようになっている

すべてはやがて報われる！　だからもう、なにも心配いらないよ。
そうなるようになっている！
すべては必然！　すべてが最良最高！
すべてが正しい順序でやってきている！
すべてはあなたを幸せにするためだけにある！

そうでないなら、なぜ、そんなことが起きましょう！

倒れて、立ち上がった日があった。

あの日、立ち上がれたのは、倒れたから！

そのとき、倒れたことは悪いことではなくなる。
倒れたことで、立っていた場所が辛かったことに気づけたし、
気づけたことで、改善できた。離れることもできたのだ。
倒れて泣いて、立ち上がれてよろこんで、神様に感謝した。
そこでどうにか救われたことで、
生かされていることに気づいて、尊いものを無限に手にした。

命は、救われた。命は時間。時間は大自然を動かしている宇宙の魔法！

生きるとは、すべてのことを受け入れること。
それを知った日、なんだか楽になれた気がする……。

受け入れたときだけ奇跡が起こる！

それは、時が起こす、最善最良の幸運現象♪

すべてのことは自分だけのことではなく、他のみんなに続いている！

誰かの役に立つ自分は、何も役に立てなかった自分が生んでいる。
自分の辛い人生は、すべて他者を癒すためにある。
癒された人は、また他の人を癒せるようになり、
癒しが世界にひろまり、地球は癒され、波動が上がる！

そのとき、生きづらい世の中もなくなるだろう……
生きていることもいいものだと思えるだろう……

きっと、傷つき、泣いたあの日のすべてを
笑って話せるようになっているだろう……。

「すべてのことには、意味がある！」
それがわかるのは、
もっと、ずっと、あとになってからなのだけれど、
「これでよかった」と、妙にうなずける自分がそこにいるもの。

2017年　1月

佳川　奈未

佳川奈未　最新著作一覧　☆

『「いいこと」ばかりが起こりだす　スピリチュアル・ゾーン』　青春出版社
《高次元にアクセスするガイドブック》
『約束された運命が動きだす　スピリチュアル・ミッション』　青春出版社
《ハイヤーセルフが語る人生のしくみ》
『願いが叶うスピリチュアルシークレット』　ヒカルランド
『「宇宙銀行」から好きなだけ♪お金を引き出す方法』　ヒカルランド
『おもしろいほど願いがかなう心の持ち方』　ＰＨＰ研究所
『手放すほどに受け取れる宇宙の法則』　ＰＨＰ研究所
『運命の人は探すのをやめると現れる』　ＰＨＰ研究所
『未来想定でみるみる願いが叶う』　ＰＨＰ研究所
『あなたの中のなんでも叶える「魔法の力」』　ＰＨＰ研究所
『「強運な女」の心の持ち方』　ＰＨＰ研究所
『望みのすべてを必然的に惹き寄せる方法』　ＰＨＰ研究所
『効果的にお金を惹き寄せる魔法のルール』　ＰＨＰ研究所
『恋愛革命』　ＰＨＰ研究所
『なぜかお金に愛される女の習慣』　三笠書房

『願いがかなう100の方法』　三笠書房
『「結果」は、自然に現れる！』　講談社
『運のいい人がやっている気持ちの整理術☆』　講談社
『どんなときもうまくいく人の〝言葉の力〟☆』　講談社
『怒るのをやめると奇跡が起こる♪』　講談社
『あなたに奇跡が起こる！心のそうじ術』　講談社
『船井幸雄と佳川奈未の超☆幸福論』　ダイヤモンド社
『『いじめ』は2学期からひどくなる』　ポプラ社
『あなたの中の「叶える力」を200％引き出す方法』　フォレスト出版
『幸運予告』（初めての語りおろし特別CD付／約40分収録）　マガジンハウス
『幸運Gift☆』《エイベックス歌手デビューCD付》　マガジンハウス
『富裕の法則』竹田和平＆佳川奈未　共著　マガジンハウス
『金運革命』　WAVE出版
『マーフィー　奇跡を引き寄せる魔法の言葉』
ジョセフ・マーフィー著／佳川　奈未　監訳　日本文芸社

……その他、著書、多数あり。

佳川奈未公式サイト　奇跡が起こるHP　http://miracle-happy.com/

参考文献一覧

『易』 本田　濟　著　朝日新聞出版社・朝日選書１０１０中国古典選

『四書五経一日一言』 渡辺昇一　編　致知出版社

『易の話』 金谷　治　著　講談社・講談社学術文庫

『「易経」一日一言』 竹村亞希子　編　致知出版社

『易経講座』 安岡正篤　著　致知出版社

『人生に生かす易経』 竹村亞希子　著　致知出版社

『人間学としての易学』 松田樹一朗・澤山明宏　著　明徳出版社

『煌めく易経』 遠山尚　著　明徳出版社

『正法眼蔵』（一）〜（四）　道元　著・水野弥穂子　校注　岩波文庫

『易経』（上）　高田真治・後藤基巳　訳　岩波文庫

『易経』（下）　高田真治・後藤基巳　訳　岩波文庫

『生きる力』　佳川奈未　著　マガジンハウス

『幸福感性』　佳川奈未　著　ＰＨＰ研究所・ＰＨＰ文庫

著者紹介

佳川 奈未　作家。作詞家。神戸生まれ。東京在住。株式会社POWER FACTORY代表取締役社長。『一般社団法人ホリスティックライフビジョン協会』会長。易経帝王学研究家。『宇宙生命気学』主宰。

生き方・夢・お金・恋愛・成功・運をテーマにした著書は、累計500万部にものぼり、海外でも多数翻訳出版されている。

アンドリュー・カーネギーやナポレオン・ヒルの「成功哲学」「人間影響心理学」、ジョセフ・マーフィー博士の「潜在意識理論」を30年にわたり研鑽。願望実現やスピリチュアルな世界を実生活に役立つ形にしたセミナー、「易」の運命学講座には全国から受講者が来る。

★佳川奈未オフィシャルサイト
http://miracle-happy.com/

大自然《だいしぜん》に習《なら》う古《ふる》くて新《あたら》しい生《い》き方《かた》
人生《じんせい》の教訓《きょうくん》

2017年2月1日　第1刷

著　　者　佳《よし》川《かわ》奈《な》未《み》
発 行 者　小澤源太郎

責任編集　株式会社 プライム涌光
電話　編集部　03(3203)2850

発 行 所　株式会社 青春出版社
東京都新宿区若松町12番1号 〒162-0056
振替番号　00190-7-98602
電話　営業部　03(3207)1916

印　刷　共同印刷　　製　本　大口製本

万一、落丁、乱丁がありました節は、お取りかえします。

ISBN978-4-413-23026-1 C0095